HELMUT SINN

Die Änderung gesetzlicher Regelungen durch einfache Rechtsverordnung

Schriften zum Öffentlichen Recht

Band 151

Die Änderung gesetzlicher Regelungen durch einfache Rechtsverordnung

Zugleich ein Beitrag zur Bestimmung des Kernbereichs der gesetzgebenden Gewalt

Von

Dr. Helmut Sinn

DUNCKER & HUMBLOT / BERLIN

Alle Rechte vorbehalten
© 1971 Duncker & Humblot, Berlin 41
Gedruckt 1971 bei Buchdruckerei Bruno Luck, Berlin 65
Printed in Germany
ISBN 3 428 02419 2

Vorwort

Seit Inkrafttreten des Grundgesetzes hat der einfache Bundesgesetzgeber keine ausdrücklichen Ermächtigungen zum Erlaß von Verordnungen mit Gesetzesrang — oft als „gesetzesvertretende" Verordnungen bezeichnet — erteilt. Er hat der Exekutive aber in zahlreichen Fällen das Ändern gesetzlicher Regelungen durch einfache, d. h. im Rang unter dem Gesetz stehende Rechtsverordnungen gestattet.

Während nun die Zulässigkeit von Verordnungen mit Gesetzesrang gleichsam zu den immer wieder erörterten Standardproblemen des deutschen Staatsrechts gehört, sucht man vergeblich nach Stellungnahmen zu der tatsächlich ganz im Vordergrund stehenden Übung, gesetzliche Regelungen durch einfache Rechtsverordnungen zu ändern.

Die vorliegende Arbeit bemüht sich, diese Lücke zu schließen. Sie geht deshalb auf die vieldiskutierte Frage nach der Zulässigkeit von Verordnungen mit Gesetzesrang oder auf die ebenfalls bereits erörterte Möglichkeit von gesetzesändernden Verwaltungsvorschriften nur insoweit ein, wie dies nötig ist, um die Verfassungsmäßigkeit von gesetzesändernden einfachen Rechtsverordnungen zu beurteilen.

Die Arbeit versucht dabei, jeden allgemeinen staatstheoretischen Höhenflug, zu dem das Thema reizen mag, zu vermeiden. Sie bleibt methodisch bewußt „systemimmanent", d. h. sie orientiert sich am positiven Recht einschließlich der daraus abgeleiteten Wertungen und Grundsätze. Wo dieser Ansatz zu keinen klaren und angemessenen Ergebnissen führt, stellt die Arbeit nicht das System des überkommenen deutschen Staatsrechts als solches in Frage. Sie bemüht sich vielmehr, es in dem betreffenden Bereich zu konkretisieren und von innen heraus so fortzuentwickeln, daß es mit den Bedürfnissen der sich ändernden Lebensverhältnisse harmoniert.

Frankfurt/Main, im Januar 1970

H. S.

Inhaltsverzeichnis

A. Gesetzesändernde Rechtsverordnungen	9
I. Das Phänomen und seine geschichtliche Entwicklung	9
II. Heutiger Meinungsstand	12
III. Ermächtigungspraxis	15
1. Inhaltliches Verhältnis von Gesetz und Verordnung	15
a) Ermächtigungen zur Änderung des Gesetzeswortlauts	15
b) Ermächtigungen zur abweichenden Regelung	16
2. Rangverhältnis von Gesetz und Verordnung	18
B. Das Rangproblem	21
C. Gesetze unter Verordnungsvorbehalt	24
D. Zulässigkeit von Gesetzen unter Verordnungsvorbehalt als gesetzgeberisches Gestaltungsmittel	27
I. Artikel 129 Abs. 3 GG	27
II. Artikel 80 Abs. 1 GG	28
III. Rechtsstaatsprinzip und „Vorrang des Gesetzes"	30
E. Formelle Gestaltungsgrenzen	34
F. Inhaltliche Grenzen	38
I. Artikel 80 GG und das Gewaltenteilungsprinzip	38
II. Schranken auf Grund des Gewaltenteilungsprinzips	40
1. Das Gewaltenmodell des Grundgesetzes	40
2. Der Begriff der „gesetzgebenden Gewalt"	44
a) Historischer Wortsinn und Materialien zum Grundgesetz	45
b) Systematische Interpretation	55
aa) Das Rechtsstaatsprinzip	55
bb) Das demokratische Prinzip	60
cc) Artikel 80 Abs. 1 GG	62
dd) Sonstige Einzelvorschriften des Grundgesetzes	64

Inhaltsverzeichnis

    3. Die Grenzen des Kernbereichs der gesetzgebenden Gewalt 68

        a) Kriterien 68
        b) Das Merkmal der Bedeutsamkeit 69
            aa) Maßstäbe der Bedeutsamkeit 70
            bb) Die Bedeutsamkeitsschwelle 71
            cc) Angelegenheiten von lokaler Bedeutung 72
        c) Die Merkmale der Abstraktheit und Allgemeinheit 72
        d) Fließende Grenzen 76

  III. Anwendung der ermittelten Schranken in konkreten Fällen 77

Leitsätze 82

Literaturverzeichnis 83

Verzeichnis der weniger gebräuchlichen Abkürzungen

BK	Bonner Kommentar
BSteuerBl.	Bundes-Steuerblatt
BayVwBl.	Bayerische Verwaltungsblätter
BWVwBl.	Baden-Württembergisches Verwaltungsblatt
FAZ	Frankfurter Allgemeine Zeitung
HDStR	Handbuch des Deutschen Staatsrechts, hrsg. von *Anschütz* und *Thoma*, 2 Bde., Tübingen 1930/32
HDSW	Handwörterbuch der Sozialwissenschaften, hrsg. von *Beckerath* u. a., Stuttgart, seit 1959
StGH	Staatsgerichtshof
ZStW	Zeitschrift für die gesamte Staatswissenschaft

A. Gesetzesändernde Rechtsverordnungen

I. Das Phänomen und seine geschichtliche Entwicklung

Die Rechtsetzung durch die Exekutive hat als Paradigma einer angeblichen Durchbrechung des Gewaltenteilungsprinzips seit Ende des vergangenen Jahrhunderts immer wieder das besondere Interesse der deutschen Staatsrechtslehre gefunden. Zu den heute als neuralgisch anzusehenden Aspekten des Phänomens gehört dabei die Frage, inwieweit der Gesetzgeber es der Exekutive gestatten kann, im Verordnungswege Regelungen zu treffen, die von bestehenden Vorschriften formeller Gesetze abweichen oder die sogar formelle Gesetze ausdrücklich abändern beziehungsweise sie ganz oder teilweise außer Kraft setzen.

Rechtstechnisch sind solche Verordnungen in vielerlei Gestalt möglich. Sie lassen sich vor allem nach zwei Gesichtspunkten unterscheiden[1]. Einmal nach ihrem Verhältnis zum Gesetzeswortlaut in Verordnungen, die den Text des Gesetzes selbst ändern (gesetzesabändernde Verordnungen) und in Verordnungen, die gesetzliche Vorschriften durch eine abweichende Neuregelung außer Kraft setzen (gesetzesablösende Verordnungen). Zum anderen nach ihrem Rang in einfache Verordnungen und in Verordnungen mit dem Rang formeller Gesetze. Letztere werden häufig auch als „gesetzesvertretend" bezeichnet[2]. Dieser Begriff hat jedoch einen terminologisch so unsicheren Gehalt[3], daß er mehr zur Verwirrung als zur Klärung der Verhältnisse beiträgt.

Ein praktisches Bedürfnis für gesetzesändernde Verordnungen in der einen oder anderen Form läßt sich kaum leugnen. Es wäre nicht

---

[1] Zur Einteilung der Verordnungen im allgemeinen vgl. *Klein*, Übertragung, S. 7 (39 ff.); *H. J. Wolff*, Verwaltungsrecht I, § 25 VII b.

[2] Diese sog. klassische Definition der gesetzesvertretenden Verordnung findet sich u. a. in BVerfGE 22, 1 (10) sowie bei *Jacobi*, HDStR Bd. 2, S. 248 f.; *Holtkotten* in BK, Art. 129, Anm. II D 2 a und d; *Ipsen*, DVBl. 50, 385 (389); *Peter*, AöR 92, 357 (371); *Hahn*, JöR n.F. 14, 15 (34); *Laidig*, Gesetzesvertretende Verordnungen, S. 17 f.

[3] Nach manchen sind gesetzesvertretend nur solche Verordnungen mit Gesetzesrang, deren Ermächtigungsgrundlage eine gewisse inhaltliche Weite besitzt und keine eigene materielle Regelung des Gegenstandes enthält. So etwa *Klein*, Übertragung, S. 7 (40); *Schack*, Festschr. f. Haff, S. 332 (337) und JZ 64, 252 (253); *Lange*, JR 68, 8 (9). Nach anderen soll es sogar überhaupt nicht auf den Rang der Verordnung, sondern allein auf die Weite der Ermächtigung ankommen. So H. J. *Wolff*, Verwaltungsrecht I, § 25 VII b 2.

A. Gesetzesändernde Rechtsverordnungen

nur wenig angemessen, den formellen Gesetzgeber mit der oft nötigen Modifikation bloßer technischer Details zu belasten. Die moderne Gesetzgebung hat auch als Folge der sich immer rascher ändernden sozialen Verhältnisse einen so hohen Grad an Differenziertheit erreicht, daß es nicht möglich ist, alle Gesetze immer rechtzeitig in dem schwerfälligen Verfahren der ordentlichen Gesetzgebung entsprechend den sich wandelnden Umständen zu novellieren. Das wird etwa auf dem Gebiet der Steuern und Zölle angesichts der Bedürfnisse einer antizyklischen Haushaltspolitik und der Wechselfälle des Konjunkturgeschehens sehr deutlich[4].

Gesetzesändernde und -ablösende Rechtsverordnungen sind aber keine neue Erscheinung. Sie wurden unter der Geltung der alten Reichsverfassung vom Schrifttum weitgehend gebilligt[5]. Sofern überhaupt, begründete man das mit der dem Gesetzgeber innerhalb seiner verfassungsmäßigen Kompetenzen zustehenden Souveränität. Allerdings regte sich damals bereits Widerstand, der sich auf das immer mehr an Bedeutung gewinnende Gewaltenteilungsprinzip gründete. Das war nicht nur bei *Rönne* der Fall, der einer nicht in der Verfassung vorgesehenen Delegation von Rechtsetzungsbefugnissen überhaupt kritisch gegenüberstand[6], sondern auch bei *Laband*. Dieser wollte Verordnungen mit Gesetzesrang nur vorbehaltlich der alsbaldigen Billigung durch das Parlament zulassen[7]. Ansonsten hielt *Laband* die Änderung von Gesetzen durch Rechtsverordnungen nur für gestattet, wenn dem betreffenden Gesetz vorher vom Parlament seine „formelle Gesetzeskraft" durch Gesetzesänderung entzogen wurde[8].

In der Weimarer Zeit änderte sich an diesem Meinungsstand wenig. Zwar hatte sich infolge des Gewaltenteilungsgedankens nun die früher

---

[4] Von den seit Bestehen der Bundesrepublik bis Ende 1965 in Teil I des Bundesgesetzblatts insgesamt veröffentlichten 1298 Gesetzen, 1541 Ermächtigungen zu Rechtsverordnungen und 4228 Rechtsverordnungen der Bundesexekutive entfallen auf den Sektor Wirtschaft und Finanzen 45,6 % der Gesetze, 53,1 % der Ermächtigungen und sogar 57,7 % der Verordnungen. Für den Bereich des Arbeits- und Sozialrechts einschließlich der Kriegsopferversorgung betragen die entsprechenden Zahlen dagegen nur 14,3 %, 14,1 % und 5,1 %. Vgl. hierzu die Untersuchungen von *Hasskarl*, DÖV 68, 558, denen diese Angaben entnommen sind.

[5] *Arndt*, Das Verordnungsrecht des dt. Reichs, S. 16 ff., insbes. 21 f. *Georg Jellinek*, Gesetz und Verordnung, S. 248 und 383.

[6] *Rönne*, Staatsrecht des dt. Reiches, S. 13; ders., Staatsrecht der pr. Monarchie, S. 356.

[7] *Laband*, Staatsrecht, Bd. 2, S. 88. *Thoma*, Zeitschr.f.bad.Verw.u.Verw. Rechtspfl. 1906, 93 (96), gestand dem Landesherrn sogar nur ein Notverordnungsrecht zu.

[8] *Laband*, Staatsrecht, Bd. 2, S. 72; so wohl auch *Haenel*, Das Gesetz im formellen und materiellen Sinne, S. 112 f.

I. Das Phänomen und seine geschichtliche Entwicklung

bestrittene[9] Auffassung durchgesetzt, daß jede Rechtsetzung durch die Exekutive einer besonderen gesetzlichen[10] Grundlage bedarf[11]. Doch hielt man es weiter ganz überwiegend[12] für statthaft, innerhalb gewisser Grenzen auch zur Änderung von Gesetzen durch Verordnungen mit Gesetzesrang zu ermächtigen[13]. Auf Grund einer Delegation in der Verfassung oder in einem verfassungsändernden Gesetz sollten sogar verfassungsändernde Verordnungen zulässig sein[14]. Die Praxis machte von solchen Ermächtigungen bekanntlich jetzt einen nahezu exzessiven Gebrauch[15].

Diese Entwicklung kumulierte in ihrer Perversion unter der Herrschaft des Nationalsozialismus. Seit dem Gesetz zur Behebung der Not von Volk und Reich vom 24. 3. 1933[16], das ein selbständiges Gesetzgebungsverfahren der Reichsregierung eingeführt hatte, wurde von dem formellen Gesetzgebungsverfahren durch den Reichstag so gut wie kein Gebrauch mehr gemacht[17]. Wenn man das parlamentarische

---

[9] Die konstitutionelle Doktrin nahm weitgehend an, daß die Exekutive zum Erlaß von Rechtsverordnungen nur im Bereich des allg. Gesetzesvorbehalts, also bei Eingriffen, einer Ermächtigung bedürfe. Vgl. *Arndt*, Das Verordnungsrecht des dt. Reichs, S. 25 ff., insbes. 57; *Georg Jellinek*, Gesetz und Verordnung, S. 370 ff.

[10] Eine Ermächtigung in der Verfassung für solche Delegationen hielt man dagegen noch nicht für nötig, vgl. *Jacobi*, HDStR, Bd. 2, S. 242; *Triepel*, Verh. des 32. dt. Juristentags, S. 11 (18).

[11] *Jacobi*, HDStR, Bd. 2, S. 240; *Triepel*, Verh. des 32. dt. Juristentags, S. 12 ff.; *Poetzsch*, ebenda, S. 35 ff.; *Anschütz*, Reichsverfassung, Art. 77, Anm. 2 mit weiteren Nachweisen.

[12] Eine Mindermeinung forderte jeweils als Grundlage ein verfassungsänderndes oder -durchbrechendes Gesetz i. S. v. Art. 76 WRV, so etwa *Thoma*, HDStR, Bd. 2, S. 222.

[13] z. B. *Jacobi*, HDStR, Bd. 2, S. 240, 242; *Walter Jellinek*, Verwaltungsrecht, S. 121; *Otto Mayer*, Verwaltungsrecht, Bd. 1, S. 69.

[14] *Jacobi*, HDStR, Bd. 2, S. 240 f.

[15] Besonders eindrucksvoll das nur zwei Paragraphen umfassende Gesetz v. 13. 10. 1923 (RGBl. I, S. 943), in dem es lakonisch heißt: „Die Reichsregierung wird ermächtigt, die Maßnahmen zu treffen, welche sie auf finanziellem, wirtschaftlichem und sozialem Gebiete für erforderlich und dringend erachtet. Dabei kann von den Grundrechten der Reichsverfassung abgewichen werden." Diese Ermächtigung nahm lediglich die Regelung der Arbeitszeit und bestimmter sozialversicherungsrechtlicher Fragen aus, enthielt aber sonst keine Beschränkung. — Eine Übersicht über 195 Verordnungen mit Gesetzesrang, die von Ende 1919 bis Anfang 1924 im sog. „vereinfachten Gesetzgebungsverfahren" ergangen sind, gibt *Poetzsch*, JöR, Bd. 13 (1925), 1 (206 ff.).

[16] RGBl. I, S. 141. Vgl. weiter das Gesetz über den Neuaufbau des Reichs v. 30. 1. 1934 (RGBl. I, S. 75), wo es in Art. 4 heißt: „Die Reichsregierung kann neues Verfassungsrecht setzen."

[17] Das RGBl. I 1934 z. B. enthält neben 440 Verordnungen und 182 Regierungsgesetzen nur ein einziges Gesetz des Reichstags: das sog. Neuaufbaugesetz (s. Fußn. 16), das die Auflösung der Länder aussprach. Selbst das Gesetz v. 1. 8. 1934, das die Vereinigung der Ämter des Reichspräsidenten und des Reichskanzlers anordnete, erging durch die Regierung (RGBl. I, S. 747). In der Spätzeit des Nationalsozialismus wurde von Reichstagsgesetzen kein Gebrauch mehr gemacht.

Gesetzgebungsverfahren nicht völlig beseitigte, so nur deshalb, weil man glaubte, es könne dazu dienen, um besonders bedeutsame Führerbefehle in einen feierlichen Rahmen zu kleiden[18]. Das Gewaltenteilungsprinzip war beseitigt, das Parlamentsgesetz völlig von der Rechtsetzung durch die Exekutive verdrängt[19].

II. Heutiger Meinungsstand

Nach 1945 konnte die Diskussion, die meist unter dem Stichwort der „gesetzesvertretenden Verordnungen" geführt wird, wieder beginnen. Sie ist heute, fast 25 Jahre danach, alles andere als abgeschlossen. Im Schrifttum prallen die Meinungen so hart wie nur je zuvor aufeinander. Zwar hat die Zahl der Gegner von Ermächtigungen zur Gesetzesänderung auf Grund der Erfahrungen zwischen 1919 und 1945 erheblich zugenommen. Eine communis opinio läßt sich aber ebensowenig feststellen wie eine bestimmte Tendenz der Entwicklung.

Seit die Fronten 1951 auf einer Tagung in Weinheim[20] neu abgesteckt wurden, hat sich die Diskussion im Schrifttum im wesentlichen auf die Verteidigung fester Positionen beschränkt. Der größere Teil der Autoren lehnt heute gesetzesändernde Verordnungen, soweit sie nicht in besonderen Fällen im Grundgesetz ausnahmsweise vorgesehen sind[21], vollständig ab[22]. Viele halten sie aber auch mit mehr oder weniger weitgehenden Einschränkungen für verfassungsmäßig. *H. J. Wolff* etwa will Ermächtigungen zur Änderung des ermächtigenden Gesetzes selbst zulassen, wenn Inhalt, Zweck und Ausmaß der Ermächtigung hinreichend umschrieben sind, nicht aber Ermächtigungen zur Änderung

---

[18] So etwa *Köttgen*, JöR, Bd. 24 (1937), 1 (145); *E. R. Huber*, Verfassungsrecht des Großdt. Reichs, S. 237 f.

[19] *Meissner-Kaisenberg*, Staats- und Verwaltungsrecht im Dritten Reich, S. 102 ff.; *E. R. Huber*, a.a.O. (Fußn. 18), S. 325 ff.; *Glungler*, Lehre von Volk und Staat, S. 181 f.

[20] Die Tagungsmaterialien sind veröffentlicht unter dem Titel „Die Übertragung rechtsetzender Gewalt im Rechtsstaat", Frankfurt/Main 1952.

[21] Art. 115 k Abs. 1, 119, 127, 132 Abs. 4 GG. Vgl. hierzu unten S. 18 f.

[22] So *Bettermann*, MDR 52, 1 (4) und JZ 52, 65 (66); *Rupp*, DÖV 63, 678 (679); *Maunz*, Dt. Staatsrecht, § 27 VI (S. 245); ders. in *Maunz-Dürig*, Art. 80 Randnr. 10; *Holtkotten* in BK, Art. 129 Anm. II D 2; *v. Mangoldt*, 1. Aufl., Art. 80 Anm. 2 (S. 432); *Hamann*, Art. 80 Anm. 8 (S. 354); *Quaritsch*, Das parlamentslose Parlamentsgesetz, S. 8 ff.; *Hahn*, JöR n.F. 14, 15 (34); *Obermayer*, Evang. Staatslexikon, Sp. 1774 (1775); *Kleinrahm*, DVBl. 50, 298 (299); *Mende*, DÖV 55, 625 ff.; *Jesch*, JZ 63, 241 (245); *Dahm*, Deutsches Recht, S. 313; *Spanner*, BayVwBl. 62, 225 (227); *Tasche*, NJW 52, 407 (408); *Heinrich Kipp*, Staatslexikon, Bd. 6 Sp. 735 (737). — *Walter Schmidt*, Gesetzesvollziehung durch Rechtsetzung, S. 87, sieht jedenfalls gesetzesändernde Rechtsverordnungen mit belastendem Inhalt für unstatthaft an.

anderer Gesetze[23]. Nach *Schack* ist dagegen entscheidend, ob sich die Ermächtigung auf die Regelung einzelner genau umschriebener Fragen von untergeordneter Bedeutung beschränkt[24]. Andere Befürworter von gesetzesändernden Verordnungen schließlich behandeln diese wie sonstige Verordnungen und unterwerfen sie lediglich den allgemeinen Schranken aus Art. 80 Abs. 1 Satz 2 GG[25].

Die Rechtsprechung hat die Problematik nicht ernstlich angerührt, sie hat dementsprechend auch keine einheitliche Linie gefunden. Teils lehnt sie gesetzesändernde Verordnungen ab, teils läßt sie diese in den Grenzen des Art. 80 Abs. 1 Satz 2 GG zu, teils schwankt sie zwischen beidem[26]. So erklärt das Bundesverfassungsgericht in zwei verschiedenen obiter dicta nachkonstitutionelle „gesetzesvertretende" Verordnungen mit gleicher Selbstverständlichkeit einmal für zulässig und einmal für unstatthaft[27].

Ein rechtsvergleichender Blick auf das Staatsrecht der größeren westeuropäischen Demokratien ergibt, daß gesetzesändernde Verordnungen nur in *Österreich* grundsätzlich nicht zulässig sind[28]. Die österreichische Bundesverfassung von 1929 läßt sie gemäß Art. 18 nur im Notstandsfall zu. Dagegen werden etwa in *Großbritannien* Ermächtigungen zu gesetzesändernden Verordnungen auf Grund der theoretisch unumschränkten Gewalt des Parlaments für zulässig gehalten[29]. Auch die *französische* Verfassung von 1958 sieht in Art. 38 Ermächtigungen zu Verordnungen an Stelle von Gesetzen vor, wobei diese Verordnungen unstreitig die

---

[23] H. J. *Wolff*, Verwaltungsrecht I, 6. Aufl., § 25 VII b 2 β (in der 7. Aufl. fehlt die entspr. Stelle).

[24] *Schack*, Festschr. f. *Haff*, S. 332 (346 ff.); ebenso das Arbeitsergebnis der Weinheimer Tagung, Übertragung, S. 188 f., 218; *Laidig*, Gesetzesvertretende Verordnungen, S. 95 ff., insbes. 104 und *Klein*, Übertragung, S. 61 ff., der aber nur beschränkte gesetzesergänzende Verordnungen für zulässig hält.

[25] *Bernhard Wolff*, AöR 78, 194 ff. und JZ 54, 628 f.; *Peter*, AöR 92, 357 (380 f.); *Giese-Schunck*, Art. 80, Anm. II 2; *Sturmhöfel*, Verordnungsrecht, S. 72 ff.; ebenso für gesetzesergänzende Rechtsverordnungen der Abg. *Laforet* im Schriftl. Bericht zum Entwurf des GG, Parl.Rat, Drucks. 850/854, S. 38.

[26] *Für* die Zulässigkeit von gesetzesändernden Verordnungen haben sich ausgesprochen: BVerwGE 1, 104 (114 f.); BFinH, BSteuerBl. 1966 III, S. 114 (117); *dagegen:* BVerwGE 4, 24 (47 ff.); OVG Hamburg, DVBl. 53, 571 (574); LVG Hamburg, MDR 56, 61 f.; BayVGH, BayVwBl. 56, 283 (285).

[27] *Für* Zulässigkeit BVerfGE 2, 307 (313), vgl. auch BVerfGE 7, 282 (201) und 8, 274 (306), wonach nachkonstitutionelle Ermächtigungen nur an Art. 80 Abs. 1 GG, nicht an Art. 129 Abs. 3 GG gemessen werden können. In BVerfGE 8, 155 ff. werden sogar Ermächtigungen zu gesetzesändernden Verwaltungsvorschriften für zulässig erklärt. — *Gegen* die Zulässigkeit gesetzesändernder Verordnungen andererseits BVerfGE 22, 1 (12).

[28] Österr. Verfassungsgerichtshof, Amtl. Sammlung, Nr. 1648/1948.

[29] *Allen*, Law and Orders, S. 170 ff.; *Loewenstein*, Staatsrecht und Staatspraxis von Großbritannien, Bd. 1, S. 359 f.

Kraft zur Änderung nachkonstitutioneller Gesetze besitzen[30]. Vorkonstitutionelle Gesetze, die keine Materie aus dem jetzt kasuistisch festgelegten Bereich der Gesetzgebung betreffen, sind gemäß Art. 37 Abs. 2 S. 1 sogar ohne spezielle Ermächtigung auf dem Verordnungswege abänderbar[31]. In der *Schweiz* gelten Ermächtigungen zu gesetzesändernden Verordnungen nach der h. M. gleichfalls als zulässig, und zwar kraft Verfassungsgewohnheitsrechts[32]. Die *italienische* Verfassung von 1947 schließlich enthält in Art. 77 Abs. 1 eine entsprechende ausdrückliche Regelung. Nach Abs. 2 sind im Notstandsfall sogar gesetzeskräftige Verordnungen ohne besondere Ermächtigung statthaft[33].

Überprüft man die bisherige Diskussion in Deutschland um die Abänderung gesetzlicher Regelungen auf dem Verordnungswege, so stellt man überrascht fest, daß sie sich — sofern sie auf die Rangverhältnisse überhaupt eingeht[34] — fast ausschließlich auf die Frage nach der Zulässigkeit von Verordnungen mit dem Rang von Gesetzen beschränkt, wobei oft die Abänderung des Gesetzeswortlauts im Mittelpunkt der Erörterung steht. So gut wie ungeprüft bleibt dagegen die Möglichkeit, gesetzliche Regelungen durch *einfache* Rechtsverordnung ganz oder teilweise abzuändern oder zu ersetzen. Das ist um so erstaunlicher, als die nachkonstitutionelle Gesetzgebungspraxis, auf die noch näher einzugehen sein wird, von dieser Konstruktion zumindest dem Wortlaut der Delegationsnormen nach in erheblichem Umfange Gebrauch macht. Die Literatur hat hiervon praktisch keine Kenntnis genommen. Selbst entschiedene Gegner gesetzesvertretender Verordnungen beziehen sich in aller Regel auf Beispiele aus der Weimarer Zeit. Dabei bleibt unerörtert, ob die zahlreichen nachkonstitutionellen Ermächtigungen zur materiellen Gesetzesänderung nicht ähnlich zu beurteilen sind, auch wenn sie meist keine ausdrückliche Ermächtigung zum Ändern des Gesetzeswortlauts oder zum Erlaß von Verordnungen im Rang von Gesetzen enthalten.

---

[30] *Jeanneau*, Droit constitutionnel, S. 186.

[31] Zur Rechtslage in Frankreich vor 1958 vgl. *Ballreich*, Übertragung, S. 325 ff. und *Rasenack*, Gesetz und Verordnung in Frankreich seit 1789, insbes. S. 220 ff.

[32] Vgl. *Aubert*, Droit constitutionnel suisse, Bd. 2, Ziff. 1531 ff., insbes. 1535, 1537.

[33] Vgl. *Biscaretti di Ruffia*, Diritto costituzionale, § 173 (S. 496 ff.).

[34] Vgl. etwa H. J. *Wolff*, Verwaltungsrecht I, 6. Aufl., § 25 VII b 2 und *Schack*, Festschr. f. Haff, S. 332 (346 ff.). Beide Autoren lassen zwar in begrenztem Umfang gesetzesändernde Verordnungen zu, sie nehmen aber nicht dazu Stellung, ob solchen Verordnungen Gesetzesrang zukommt oder worauf sonst ihre gesetzesderogierende Wirkung beruht.

III. Ermächtigungspraxis

Die Zulässigkeit von Ermächtigungen zur Gesetzesänderung durch einfache Rechtsverordnung sollte nicht geprüft werden, ohne einen Blick auf diese Ermächtigungspraxis seit Ende des Zweiten Weltkriegs zu werfen. Da einschlägige Untersuchungen der Rechtstatsachen fehlen, kann es sich freilich nur um die beispielhafte Heranziehung herausgegriffener Delegationsnormen handeln, die typische Ausgestaltungen repräsentieren.

1. Inhaltliches Verhältnis von Gesetz und Verordnung

a) Ermächtigungen zum Ändern des Gesetzeswortlauts

Versucht man die vielfältigen Ermächtigungen nach der konkreten inhaltlichen Relation von Gesetz und Verordnung zu gruppieren, so müssen an erster Stelle die Ermächtigungen zur Änderung des Wortlauts formeller Gesetze genannt werden. Sie sind zwar nicht häufig, kommen aber gelegentlich vor. Das trifft besonders im Wirtschafts- und Abgabenrecht zu. Meist geht es um die Änderung von Listen, die einem Gesetz beigefügt sind und die als Bestandteil des Gesetzes an dessen Gesetzeskraft partizipieren. Als Beispiel können die Ermächtigungen zur Änderung der Einfuhrliste nach dem Außenwirtschaftsgesetz[35] und der Kriegswaffenliste nach dem Kriegswaffengesetz[36] angeführt werden. Ein weiterer entsprechender Fall findet sich im Zollrecht[37]:

Der geltende Zolltarif ist als Anhang des Zolltarifgesetzes vom 23.12.1960[38] Bestandteil eines formellen Gesetzes. Das Zolltarifgesetz enthält in §§ 2, 3 Abs. 1, 4 Abs. 1 aber Ermächtigungen, den Tarif in bestimmter Weise zu ändern. Weitere Ermächtigungen hierzu finden sich in § 77 des Zollgesetzes vom 14.6.1961[39]. Auf Grund dieser Vorschriften wird der Zolltarif in der Praxis jährlich erneuert, und er erhält dementsprechend jeweils die laufende Jahresbezeichnung. Wie das praktisch geschieht, veranschaulicht die Zolltarifverordnung vom 20.6.1968[40]. Dort heißt es:

Auf Grund des § 77 Abs. 2 und 3 des Zollgesetzes vom 14. Juni 1961 (BGBl. I S. 737) ... verordnet die Bundesregierung ...,

---

[35] § 10 Abs. 2 AußenWG. — In der Einfuhrliste sind die genehmigungsfrei importierbaren Waren verzeichnet (§ 10 Abs. 1 AußenWG.).
[36] § 1 Abs. 2 KriegsWG. — Zu den Kriegswaffen im Sinne des KriegsWG gehören nur die in der sog. Kriegswaffenliste angeführten Gegenstände (§ 1 Abs. 1 Kriegswaffengesetz).
[37] Vgl. außerdem § 1 Abs. 2, 3 HandwerksO.
[38] BGBl. II S. 2425.
[39] BGBl. I S. 737.
[40] BGBl. II S. 541.

auf Grund des § 77 Abs. 4 Nrn. 1, 3 bis 6 und Abs. 8 des Zollgesetzes verordnet der Bundesminister der Finanzen
§ 1

(1) Der Deutsche Zolltarif 1961 (Zolltarifgesetz vom 23. Dezember 1960, BGBl. II S. 2425) in der am 3. Juni unter der Bezeichnung „Deutscher Zolltarif 1967" geltenden Fassung erhält ... ab 1. Juli 1968 die aus dem Anlagenband ersichtliche Fassung.
(2) Die Neufassung erhält die Bezeichnung „Deutscher Zolltarif 1968".

Die der Exekutive erteilten Ermächtigungen zur Änderung des Wortlauts formeller Gesetze beschränken sich aber nicht auf die Änderung solcher Listen. In § 4 Abs. 3 des Zolltarifgesetzes[41] etwa wird der Bundesfinanzminister ermächtigt, den Wortlaut des Verbrauchssteuergesetzes dem Wortlaut des — ebenfalls auf dem Verordnungswege geänderten — Zolltarifs anzupassen. Eine entsprechende Vorschrift für das Umsatzsteuerrecht enthält § 16 Abs. 2 des Umsatzsteuergesetzes vom 29. 5. 1967[42].

b) Ermächtigungen zur abweichenden Regelung

Die weitaus größte Zahl von Ermächtigungen zur Gesetzesänderung gestattet aber keinen Eingriff des Verordnungsgebers in den Gesetzeswortlaut, sondern nur die vom Gesetz abweichende Neuregelung einer Materie oder einzelner Fragen durch Verordnung.

Dabei handelt es sich oft um die bloße Ausdehnung bereits bestehender gesetzlicher Regelungen auf bisher nicht eingeschlossene Fälle oder eine entsprechende Beschränkung. So ermächtigt § 5 des Gesetzes über eine Geflügelstatistik vom 29. 3. 1967[43] den Bundesminister für Landwirtschaft und Forsten, durch Rechtsverordnung die gesetzlich festgelegte zeitliche Folge bestimmter statistischer Erhebungen zu verändern. — Ein gleichartiger Fall ist in § 11 des Ladenschlußgesetzes vom 17. 7. 1957[44] enthalten. Hiernach kann die Landesregierung in ländlichen Gebieten zur Zeit der Feldbestellung zusätzliche Öffnungszeiten für Verkaufsstellen freigeben.

Zu dieser Gruppe von Delegationsnormen gehören auch solche, die der Exekutive die Aufhebung gesetzlicher Regelungen gestatten, ohne ihr zugleich die Befugnis zur Neuregelung des betreffenden Sachgebiets zu gewähren. Markantestes Beispiel hierfür sind die §§ 3 c bis 3 e des Wohnraumbewirtschaftungsgesetzes in der Fassung vom 23. 6. 1960[45],

---

[41] Siehe oben Fußn. 38.
[42] BGBl. I S. 545 in der Fassung des Gesetzes vom 18. 10. 1967, BGBl. I S. 991.
[43] BGBl. I S. 388.
[44] BGBl. I S. 722.
[45] BGBl. I S. 418. Vgl. hierzu die VO v. 28. 10. 1969, BGBl. I S. 2045.

III. Ermächtigungspraxis

die die Landesregierungen bei Vorliegen bestimmter Voraussetzungen zur Aufhebung der Wohnraumbewirtschaftung ermächtigen und verpflichten. Einen weiteren Fall einer Aufhebungsermächtigung enthält § 9 Abs. 2 Ziff. 1 des Absicherungsgesetzes vom 29. 11. 1968[46], der es der Bundesregierung gestattet, die in §§ 1 und 2 des genannten Gesetzes angeordneten konjunkturlenkenden steuerlichen Maßnahmen außer Anwendung zu setzen.

Vielfach wird der Exekutive aber mehr als nur das Ausdehnen oder Beschränken einer bereits bestehenden gesetzlichen Regelung zugestanden, nämlich ihre Ablösung durch eine inhaltlich ganz andere Vorschrift. So enthält § 147 Abs. 2 Bundesbaugesetz die Ermächtigung, durch Rechtsverordnung die nach dem Bundesbaugesetz der höheren Verwaltungsbehörde zugewiesenen Aufgaben auf eine andere staatliche Behörde zu übertragen. — Nach § 58 Abs. 1 Nr. 3 Personenbeförderungsgesetz darf der Bundesverkehrsminister den grenzüberschreitenden Verkehr durch Rechtsverordnung abweichend vom Personenbeförderungsgesetz regeln, soweit dies zur Durchführung internationaler Abkommen erforderlich ist. — Ein anderes, besonders eindrucksvolles Beispiel findet sich in § 51 Abs. 3 Einkommenssteuergesetz in der Fassung von § 26 Nr. 3 b des Stabilitätsgesetzes vom 8. 6. 1967[47]. Die Bundesregierung wird hier ermächtigt, den gesetzlich festgelegten Einkommenssteuersatz durch Rechtsverordnung aus konjunkturpolitischen Gründen um bis zu 10 % zu heben oder zu senken. Eine ähnliche Regelung enthält § 9 Abs. 2 Ziff. 2 des Absicherungsgesetzes vom 29. 11. 1968, wonach die Bundesregierung durch Rechtsverordnung eine Änderung des gesetzlich normierten Satzes der im Absicherungsgesetz vorgesehenen steuerlichen Begünstigungen und Belastungen vornehmen kann[48].

Die fraglichen Delegationsnormen sind meist in dem zu ändernden Gesetz selbst, teilweise aber auch in anderen Gesetzen enthalten[49]. In aller Regel legen sie eindeutig fest, von welchen genau bezeichneten Vorschriften sie ein Abweichen gestatten. Letzteres ist jedoch nicht immer der Fall. Gelegentlich wird der Exekutive die umfassende Befugnis zur Neuregelung von sachlich umschriebenen Bereichen erteilt, für die bereits weitgehend gesetzliche Vorschriften bestehen, ohne daß diese im einzelnen aufgeführt würden. Die Exekutive soll hier zum Abweichen von allen in Betracht kommenden entgegenstehenden gesetzlichen Normen befugt sein. Das ist eine Praxis, von der vor allem einzelne sog. Notstandsgesetze Gebrauch machen. Das Verkehrs-

---

[46] BGBl. I S. 1255.
[47] BGBl. I S. 582 (586).
[48] BGBl. I S. 1255. Vgl. hierzu die VO v. 10. 10. 1969, BGBl. I S. 1864.
[49] z. B. § 4 Abs. 3 des ZolltarifG (Fußn. 38) und § 77 des Zollgesetzes (Fußn. 39).

sicherstellungsgesetz vom 8.10.1968[50] etwa gestattet es in § 1 Abs. 1 und 2 durch Rechtsverordnung Vorschriften zu erlassen, und zwar unter anderem über

    a) die Benutzung und den Betrieb einschließlich der Ausrüstung von Verkehrsmitteln, -wegen, -anlagen und -einrichtungen (Abs. 1 Ziff. 1)
    b) die Lenkung, Beschleunigung und Beschränkung der Beförderung von Personen oder Gütern (Abs. 1 Ziff. 2)
    c) den Bau und die Unterhaltung von Verkehrswegen und -einrichtungen (Abs. 2 Ziff. 1)
    d) die Zulassung von Verkehrsmitteln sowie über die technischen Anforderungen an Verkehrsmittel (Abs. 2 Ziff. 2).

Diese Materien sind durch zahlreiche Gesetze wie das Straßenverkehrsgesetz, das Güterkraftverkehrsgesetz, das Personenbeförderungsgesetz und das Bundeswasserstraßengesetz bereits weitgehend geregelt. Die Ermächtigung läßt sich aber von ihrem Zweck her nur so verstehen, daß sie im Notstandsfall ein Abweichen gerade von solchen nicht ausdrücklich genannten gesetzlichen Vorschriften ermöglicht[51].

2. Rangverhältnis von Gesetz und Verordnung

Hinsichtlich des Rangverhältnisses von ermächtigendem Gesetz und zu erlassender Verordnung macht die Praxis fast nie eine Aussage. Eindeutige Ermächtigungen zu Verordnungen mit Gesetzesrang lassen sich, soweit ersichtlich, nur im Grundgesetz und auch dort nur in vier eng begrenzten Sondervorschriften finden.

Dabei handelt es sich einmal um Art. 115 k Abs. 1 GG, der Notstandsverordnungen auf Grund von Gesetzen nach Art. 115 c, e und g GG für die Dauer des Verteidigungsfalls gesetzesderogierende Wirkung

---

[50] BGBl. I S. 1082.
[51] Die Materialien nehmen zu dieser Frage, soweit ersichtlich, nirgends ausdrücklich Stellung. Vgl. BT-Drucks. IV 894, 3482 und V 2388, 2933. — Auch Art. 115 k GG gibt für die Auslegung von § 1 des Verkehrssicherstellungsgesetzes keinen entscheidenden Hinweis. Wenn hier angeordnet wird, daß Rechtsverordnungen auf Grund von Gesetzen nach Art. 115 c, 115 e und 115 g — wozu das Verkehrssicherstellungsgesetz nicht gehört — entgegenstehendes Recht außer Anwendung setzen, dann läßt sich hieraus nicht schließen, daß alle sonstigen Rechtsverordnungen auf Grund von sog. Notstandsgesetzen in keiner Weise von bestehendem Gesetzesrecht abweichen dürfen. Denn der hier relevante Regelungsinhalt des Art. 115 k GG beschränkt sich darauf, bestimmten Verordnungen Gesetzesrang beizulegen, indem er ihnen die Änderung *jeden* entgegenstehenden Gesetzesrechts gestattet. Er besagt aber nichts darüber, ob im übrigen die — weniger weitgehende — Ermächtigung zur begrenzten Neuregelung genau bezeichneter gesetzlich normierter Sachbereiche durch einfache Rechtsverordnung in den Schranken des Art. 80 Abs. 1 S. 2 GG zulässig und damit unter Umständen im konkreten Fall vom Gesetzgeber gewollt ist.

verleiht. Die drei übrigen Ermächtigungen sind Übergangsnormen aus der Frühzeit des Grundgesetzes, die heute kaum noch praktische Bedeutung besitzen. Zu ihnen gehört einmal Art. 119 GG. Hiernach kann die Bundesregierung in Angelegenheiten der Flüchtlinge und Vertriebenen, insbesondere zu deren Verteilung auf die Länder, mit Zustimmung des Bundesrats gesetzeskräftige Verordnungen erlassen. Auf Grund dieser Vorschrift sind insgesamt fünf Verordnungen[52] ergangen, von denen sich allerdings nur eine[53] ausdrücklich Gesetzeskraft beimißt.

Im übrigen werden zu den Verordnungen mit Gesetzesrang diejenigen nach Art. 127 GG[54] und nach Art. 132 Abs. 4 GG[55] gezählt. Art. 127 ermächtigte die Bundesregierung, binnen eines Jahres nach Verkündung des Grundgesetzes Recht des Vereinigten Wirtschaftsgebiets auch in der französischen Besatzungszone in Geltung zu setzen. Art. 132 Abs. 4 GG gestattete es, die vorzeitige Pensionierung oder Zurückstufung politisch belasteter Angehöriger des öffentlichen Dienstes, die in Art. 132 Abs. 1 GG vorgesehen ist, näher zu regeln. Die auf Grund beider Verfassungsvorschriften ergangenen Verordnungen[56] enthalten über ihren Gesetzesrang in keinem Fall eine ausdrückliche Aussage.

In einfachen Gesetzen sind dagegen nirgends ausdrückliche Ermächtigungen zu Verordnungen im Rang von Gesetzen ergangen. Vor allem fehlt jeder entsprechende Hinweis in den zahlreichen erwähnten Ermächtigungen zur Gesetzesänderung, ganz gleich, ob sie die Abänderung des Gesetzeswortlauts oder nur die Neuregelung gesetzlich schon normierter Bereiche betreffen. Diese Ermächtigungen unterscheiden sich äußerlich durch nichts von sonstigen Delegationsnormen. Das legt die Annahme nahe, der Gesetzgeber sehe einfache Rechtsverordnungen trotz ihres niedrigeren Ranges als ausreichend an, um eine Ablösung des betreffenden früheren Gesetzesrechts zu bewirken.

Ein solcher Schluß wäre aber, wenn er sich allein auf das Schweigen des Gesetzes gründet, nicht zwingend. Man könnte statt dessen auch an eine stillschweigende Ermächtigung zu gesetzeskräftigen Verordnungen denken und davon ausgehen, daß das Parlament der Exekutive

---

[52] Verordnungen v. 29. 11. 1949 (BGBl. 1950 S. 4), 28. 3. 1952 (BGBl. I S. 236), 12. 8. 1952 (BGBl. I S. 413), 6. 1. 1953 (BGBl. I S. 3) und vom 13. 2. 1953 (BGBl. I S. 26).
[53] Asyl-Verordnung v. 6. 1. 1953 (BGBl. I S. 3), in der Präambel.
[54] Vgl. *Maunz* in *Maunz-Dürig*, Art. 127 Rdnr. 3; *Laidig*, Gesetzesvertretende Verordnungen, S. 70 ff.
[55] Vgl. *Jess* in BK, Art. 132, insbes. Anm. II 5; *Laidig*, Gesetzesvertretende Verordnungen, S. 72.
[56] Eine Zusammenstellung der Verordnungen nach Art. 127 findet sich in BGBl. 1950 S. 332. Von der Ermächtigung in Art. 132 Abs. 4 GG ist, soweit ersichtlich, nur in einem Fall Gebrauch gemacht worden (Verordnung v. 17. 2. 1950, BGBl. S. 34).

mit der Befugnis zur Gesetzesänderung unausgesprochen insoweit die Rechtsmacht zum Erlaß von Rechtsverordnungen im Rang von Gesetzen verleiht. Letzteres wäre allerdings höchstens dann als gewollt anzusehen, wenn die bezweckte Ablösung des Gesetzesrechts mit Hilfe einfacher Rechtsverordnungen nicht erreicht werden könnte.

B. Das Rangproblem

Einer solchen Gesetzesderogation oder -abänderung im Wege einfacher Rechtsverordnung scheint zunächst unüberwindlich das System der Normenhierarchie[57] entgegenzustehen[58]. Es gehört zu den wenigen heute nahezu unbestrittenen Prinzipien der Rechtswissenschaft, daß im Falle einer Normenkollision bei Ranggleichheit grundsätzlich die jüngere Norm der älteren vorgeht, und daß bei Rangverschiedenheit die ranghöhere Norm grundsätzlich die rangniedrigere ohne Rücksicht auf die Zeitfolge verdrängt[59]. Eine Änderung von formellen Gesetzen ist deshalb nur durch Normen mindestens gleichen Rangs möglich. *Laband* nennt das „formelle Gesetzeskraft"[60], seit *Otto Mayer* sprechen wir vom „Vorrang des Gesetzes"[61].

Um trotzdem eine Gesetzesänderung durch Verordnung zu ermöglichen, bietet sich einmal der Weg, den Rangunterschied zwischen den konkret betroffenen Gesetzen und Verordnungen zu beseitigen, mit der Folge, daß der Posterioritätsgrundsatz eingreift. Eine solche Rangangleichung kann dabei auf zweierlei Weise geschehen. Einmal indem man durch das ermächtigende Gesetz der Verordnung den Rang eines Gesetzes verleiht, das heißt indem man zu einer gesetzesvertretenden Verordnung im klassischen Sinne ermächtigt. Es ist aber auch der umgekehrte Weg denkbar: die Reduktion des zu ändernden Gesetzes im Rang auf den einer normalen Verordnung. Das Gesetz wird sozusagen „delegalisiert".

Letztere Auffassung, die in Frankreich von *Rolland* zu den sogenannten décrets-lois vertreten wurde[62], hat in Deutschland mit Recht nur

---

[57] Vgl. hierzu *Hensel*, HDStR, Bd. 2, S. 313 ff.; *Quaritsch*, Das parlamentslose Parlamentsgesetz, S. 7; *H. J. Wolff*, Verwaltungsrecht I, § 26 III; *Nawiasky*, Allg. Rechtslehre, S. 43 ff.; *Forsthoff*, Verwaltungsrecht, S. 119.

[58] *Sturmhöfel*, Das Verordnungsrecht im Gewaltenteilungssystem des Grundgesetzes, S. 18.

[59] Vgl. hierzu *Hensel*, a.a.O. (Fußn. 57); *Nawiasky*, Allg. Rechtslehre, S. 90 ff.; *Maschke*, Die Rangordnung der Rechtsquellen, S. 8.

[60] *Laband*, Staatsrecht, Bd. 2, S. 68.

[61] *Otto Mayer*, Verwaltungsrecht, Bd. 1, S. 68.

[62] *Rolland*, Revue de droit public, 1924, 42 ff. — *Rollands* Delegalisationstheorie ermöglichte es, gesetzesändernde Verordnungen auch dann noch zu erlassen, als Art. 13 der franz. Verfassung von 1946 Ermächtigungen zu gesetzeskräftigen Verordnungen verbot. Das Parlament „delegalisierte" eine große Zahl von Gesetzen und gab sie damit dem Zugriff abweichender ein-

vereinzelt Anhänger gefunden[63]. Sie liefert zwar für eine Verdrängung von Gesetzesrecht durch einfaches Verordnungsrecht eine dogmatische Grundlage. Ihr ist aber entgegenzuhalten, daß sie bei mehr oder weniger generellen Ermächtigungen wie denen nach § 1 des Verkehrssicherstellungsgesetzes versagt, weil hier nicht feststeht, welche Gesetze im einzelnen erfaßt und deshalb „delegalisiert" werden[64]. Die sich hieraus ergebende Unsicherheit über den Gesetzes- oder Verordnungscharakter zahlreicher Vorschriften wäre im Hinblick auf das Rechtsstaatsprinzip höchst problematisch.

Noch entscheidender sprechen aber zwei weitere Gesichtspunkte gegen die hier erörterte Ansicht. Einmal gestattet eine Ermächtigung schon im Hinblick auf Art. 80 Abs. 1 S. 2 GG regelmäßig nicht einfach die Änderung eines Gesetzes schlechthin, sondern nur ein Abweichen in bestimmter Weise, das heißt durch Verordnung mit näher angegebenem Inhalt. Es ist aber kaum anzunehmen, daß der Rang des Gesetzes vom Inhalt der ihm jeweils gegenübertretenden anderen Normen abhängig sein soll[65]. — Die „Delegalisation" des betroffenen Gesetzes bereits durch die Ermächtigung zu seiner Änderung hätte im übrigen eine weitere unwillkommene Folge: das Gesetz ginge nach seiner „Delegalisierung" — als bloßes Verordnungsrecht — nicht nur wie gewünscht späteren Verordnungen nach, sondern auch früherem Gesetzesrecht, das bisher nach dem Derogationsgrundsatz verdrängt war[66]. Das aber stünde im Widerspruch zu dem Zweck der Ermächtigung, das zu ändernde Gesetzesrecht bis zum Erlaß der abweichenden Verordnung gerade in voller Geltung zu lassen[67].

Die Ablehnung der „Delegalisationstheorie" bedeutet nicht den Ausschluß einer Änderung gesetzlicher Vorschriften durch einfache Verordnung. Es ergibt sich lediglich die Notwendigkeit, nach *anderen*

---

facher Rechtsverordnungen preis. Vgl. hierzu *Fabre*, Principles républicains de droit constitutionnel, S. 180; *Kopp*, Inhalt und Form der Gesetze, S. 368; *Rasenack*, Gesetz und Verordnung in Frankreich seit 1789, S. 203 ff. Zur heutigen Rechtslage in Frankreich vgl. oben S. 13 f.

[63] Etwa *Laband*, Staatsrecht, Bd. 2, S. 72; weiter *Haenel*, Das Gesetz im formellen und materiellen Sinne, S. 112 f.; *Poetzsch*, Verh. des 32. dt. Juristentages, S. 35 (41); *Bernhard Wolff*, JZ 54, 628 f. sowie AöR 78, 194 (200).

[64] *Ballreich*, Übertragung, S. 325 (338).

[65] So mit Recht *Dyroff*, Annalen des dt. Reichs, 1889, 817 (897).

[66] Die Derogation führt nicht notwendig zur endgültigen Aufhebung der derogierten Rechtsnorm. So wird man kaum bezweifeln können, daß nach Außerkrafttreten eines späteren Spezialgesetzes die einschlägigen älteren allgemeinen Normen wieder unbeschränkt anwendbar werden. Nur wo feststeht, daß das spätere Gesetz die endgültige Aufhebung eines bestimmten früheren Gesetzes und nicht nur seine zeitlich oder gegenständlich begrenzte Verdrängung bezweckt, ist ein solches Wiederaufleben unmöglich.

[67] Gegen einen solchen Konstruktionsversuch auch *Peter*, AöR 92, 357 (368 Fußn. 34).

Gestaltungsmöglichkeiten zu suchen. Dabei wird man fragen müssen, ob die wissenschaftliche Diskussion bisher vom richtigen Ansatzpunkt ausgeht, wenn sie fast durchweg gesetzesändernde Verordnungen allein als ein Problem des Rangs und der Normenhierarchie wertet.

C. Gesetze unter Verordnungsvorbehalt

Das Verhältnis von Gesetz und Verordnung hat nämlich auch eine inhaltliche Seite, die bei der geschilderten rangorientierten Betrachtungsweise unberücksichtigt bleibt. Gerade von hier aus bieten sich aber Ansätze zu einer Lösung, die Manipulationen im Ranggefüge der Normen unnötig macht.

Die Antwort auf die Frage, welche von mehreren einschlägigen Normen auf einen Tatbestand anwendbar ist, hängt nämlich außer von ihrem Rang und von ihrer zeitlichen Folge vor allem von ihrem Regelungs*inhalt* ab. Der Rang der Normen kann überhaupt erst bedeutsam werden, wenn ihr Inhalt keinen Aufschluß über die anzuwendende Regelung gibt. Besagt eine Vorschrift, daß sie nur bis zu einem bestimmten Zeitpunkt gilt, so ist sie nach dessen Verstreichen unanwendbar, ohne daß sich die Frage nach ihrem Rang im Verhältnis zu einer anderen Norm, die keine solche zeitliche Begrenzung enthält, stellt. Da das Geltungsende einer Norm aber nicht nur durch ein Datum, sondern auch gegenständlich durch die Angabe eines Ereignisses bezeichnet werden kann[68], ist die Lage nicht anders, wenn die eine Norm anordnet, daß sie nur bis zum Inkrafttreten einer bestimmten anderen Anwendung findet.

Trifft dies aber zu, dann kann ein Gesetz auch besagen, daß es nur Geltung beansprucht, solange nicht eine Verordnung der ermächtigten Stelle eine abweichende Regelung bringt. Damit ist ein Weg für die Ablösung gesetzlicher Vorschriften durch einfache Rechtsverordnungen eröffnet. Wird auf Grund einer solchen Ermächtigung eine Verordnung erlassen, so setzt nicht die Verordnung das Gesetz außer Kraft; dazu ist sie als einfache Verordnung nicht in der Lage. Das Gesetz tritt aber wegen seines eigenen entsprechenden Regelungsinhalts von sich aus hinter der Verordnung zurück. Es steht sozusagen unter dem Vorbehalt der Verordnung und gilt deshalb nur subsidiär. Man kann dies auch so ausdrücken: Die Verordnung ist nur ein negatives Tatbestandsmerkmal des Gesetzes, dessen Vorliegen das Gesetz seinem Inhalt nach nicht mehr anwendbar macht. Dies wiederum hat zur Folge, daß die abweichende Verordnung nicht dem Gesetz widerspricht und deshalb Bestand haben kann.

---

[68] *Nawiasky*, Allg. Rechtslehre, S. 90 f.

C. Gesetze unter Verordnungsvorbehalt

Das verordnungssubsidiäre Gesetz bleibt dabei, auch soweit die Ermächtigung reicht, formelles Gesetz. Es geht deshalb nicht nur früherem abweichendem Gesetzesrecht vor, sondern auch nachfolgenden Verordnungen oder sonstigen rangniedrigeren Normen. Lediglich im Falle einer Verordnung auf Grund der genannten Ermächtigung tritt es nach seinem eigenen Inhalt außer Kraft. Eine gesetzliche Vorschrift, die der Exekutive das Ändern gesetzlicher Regelungen durch einfache Rechtsverordnung gestattet, hat demnach, wenn man sie in diesem Sinne interpretiert, einen doppelten Inhalt: einmal enthält sie die eigentliche Ermächtigung zur Rechtsetzung auf einem bestimmten Gebiet, zum anderen die Subsidiaritätsklausel, die anordnet, daß das entgegenstehende Recht bei Erlaß der Verordnung seine Geltung verliert.

Der Versuch einer solchen dogmatischen Rechtfertigung und Erklärung der Praxis, gesetzliche Regelungen durch Rechtsverordnung zu ändern, liegt so nahe, daß es erstaunt, hierzu in der Literatur kaum Stellungnahmen zu finden. *Walter Jellinek*[69] hat sich zwar in einem Diskussionsbeitrag auf der Weinheimer Tagung 1951 einmal andeutungsweise in diesem Sinne geäußert. Er unterscheidet den Fall der inhaltlich subsidiären gesetzlichen Regelung aber nicht genügend von dem völlig anders gelagerten der rangmäßigen „Delegalisierung" des Gesetzes. Ausführlich hat sich lediglich das Bundesverfassungsgericht mit der Frage eines Vorbehalts in Gesetzen zugunsten rangniedrigerer Regelungen befaßt. Das viel beachtete Erkenntnis[70] betraf zwar unmittelbar nur gesetzesändernde Verwaltungsvorschriften. Das Bundesverfassungsgericht bezieht aber auch Rechtsverordnungen in seine Argumentation ausdrücklich mit ein[71].

In dem Verfahren vor dem Bundesverfassungsgericht ging es um die Verfassungsmäßigkeit des § 346 Abs. 1 Lastenausgleichsgesetz (LAG), der den Präsidenten des Bundesausgleichsamts ermächtigt, bestimmte Verwaltungsverfahren abweichend von den in § 345 LAG festgelegten Normen zu regeln. Das Bundesverfassungsgericht erklärt § 346 Abs. 1 LAG für verfassungsmäßig. Zwar könne wegen des Grundsatzes des Vorranges des Gesetzes ein förmliches Gesetz nicht durch eine Rechtsverordnung, eine allgemeine Verwaltungsvorschrift oder einen Verwaltungsakt außer Kraft gesetzt, abgeändert oder verdrängt werden. Die dem Gesetz kraft Verfassungsrechts innewohnende Eigenschaft, staatliche Willensäußerungen niedrigeren Rangs rechtlich zu hindern oder zu zerstören, könne sich aber nur auswirken, wo ein Widerspruch

---

[69] *Walter Jellinek*, Übertragung, S. 181 (182).
[70] BVerfGE 8, 155 (170 ff.).
[71] BVerfGE, a.a.O. (Fußn. 70), S. 171.

zwischen dem Gesetz und der Willensäußerung niederen Rangs bestehe. Daran fehle es hier, weil die allgemeinen Verwaltungsvorschriften, die nach § 346 LAG erlassen würden, dem LAG entsprächen. Das LAG ermächtige gerade zum Erlaß solcher Vorschriften und bestimme, daß die Regelungen des § 345 LAG nur anwendbar sein sollen, solange nicht eine abweichende Regelung durch allgemeine Verwaltungsvorschrift ihre Stelle einnehme. Der Gesetzgeber habe selbst die in § 345 LAG gegebenen Bestimmungen mit einer Anwendungsbeschränkung versehen, nämlich ihre Subsidiarität gegenüber den in § 346 LAG vorgesehenen allgemeinen Verwaltungsvorschriften angeordnet.

D. Die Zulässigkeit von Gesetzen unter Verordnungsvorbehalt als gesetzgeberisches Gestaltungsmittel

Es fragt sich nun, ob eine solche Subsidiarität von Gesetzen gegenüber rangniedrigeren Vorschriften eine zulässige gesetzgeberische Gestaltungsform darstellt. Das Bundesverfassungsgericht ist wegen seiner genannten Entscheidung zwar heftiger Kritik[72] ausgesetzt gewesen. Diese richtet sich im wesentlichen aber nur gegen die vom Bundesverfassungsgericht vorgenommene Qualifikation der in § 346 Abs. 1 vorgesehenen Neuregelungen durch den Präsidenten des Bundesausgleichsamts als Verwaltungsvorschriften. Es handele sich, so wird geltend gemacht, in Wirklichkeit um Rechtsverordnungen, die den Erfordernissen des Art. 80 GG nicht gerecht würden[73]. Grundsätzliche Bedenken gegen einfache Rechtsverordnungen mit gesetzesändernder Wirkung werden dabei nicht erörtert oder höchstens am Rande vermerkt[74].

Auch gegenüber solchen einfachen gesetzesändernden Rechtsverordnungen ergeben sich aber ähnliche Bedenken, wie sie an der Zulässigkeit von Verordnungen im Rang von Gesetzen bestehen. Ermächtigungen zu gesetzeskräftigen Verordnungen unterscheiden sich zwar konstruktiv grundlegend von verordnungssubsidiären Gesetzen. Es kann aber nicht unberücksichtigt bleiben, daß beide Ausgestaltungen in der Sache zu sehr ähnlichen Ergebnissen führen.

I. Artikel 129 Abs. 3 GG

Ein erster Ansatzpunkt zu Bedenken gegen verordnungssubsidiäre Gesetze könnte deshalb in Art. 129 Abs. 3 GG gesehen werden, der unter anderem bestimmt, daß Rechtsvorschriften erloschen sind, die zu ihrer Änderung oder Ergänzung oder zum Erlaß von Rechtsvorschriften an Stelle von Gesetzen ermächtigen. Beide zuerst genannten Tatbestandsmerkmale scheinen hier gegeben. Trotzdem werden verordnungssubsidiäre Gesetze von Art. 129 Abs. 3 GG eindeutig nicht

---

[72] Vgl. *Jesch*, AöR 84, 74 ff.; *Maunz* in *Maunz-Dürig*, Art. 80 Rdnr. 1 Fußn. 1; *Obermayer*, DVBl. 59, 354 (358); *Vogel*, VVdStRL 24, 125 (165); *Bachof*, JZ 62, 350 (354); *Quaritsch*, Das parlamentslose Parlamentsgesetz, S. 9.
[73] *Jesch*, AöR 84, 74 (81 ff.); *Maunz* in *Maunz-Dürig*, Art. 80, Rdnr. 1 Fußn. 1.
[74] Beispielsweise bei *Jesch*, AöR 84, 74 (90).

erfaßt. Dabei kann dahinstehen, ob in Art. 129 Abs. 3 GG ein auch heute noch maßgeblicher allgemeiner Rechtsgedanke zum Ausdruck kommt[75], oder ob die Vorschrift entsprechend ihrer systematischen Stellung als Übergangsvorschrift nur vorkonstitutionelle Ermächtigungen erfaßt[76]. Denn Art. 129 Abs. 3 GG findet jedenfalls nur auf Verordnungen mit Gesetzesrang oder anders definierte gesetzesvertretende Verordnungen Anwendung[77]. Er soll die Auswüchse der Delegationspraxis in der Weimarer Zeit und in der nationalsozialistischen Periode beschneiden, die zu einer immer weitergehenden Verwischung der Grenzen zwischen Legislative und Exekutive geführt haben. Diese Auswüchse sind allein durch gesetzesvertretende Verordnungen im weiteren Sinne gekennzeichnet. Solche gesetzesvertretenden Verordnungen liegen hier aber nicht vor. Ganz gleich welcher Definition der gesetzesvertretenden Verordnung[78] man sich anschließt, die hier erörterten gesetzesändernden einfachen Rechtsverordnungen fallen nicht darunter, da sie weder am Rang des Gesetzes teilhaben noch notwendig eine große inhaltliche Weite besitzen.

II. Artikel 80 Abs. 1 GG

Die entscheidende Norm für nachkonstitutionelle Ermächtigungen liegt in Art. 80 Abs. 1 Satz 2 GG. Aus dieser Vorschrift könnte auch ein generelles Verbot verordnungssubsidiärer Gesetze einschließlich der entsprechenden Rechtsverordnungen folgen. Nun ist an verordnungssubsidiären Gesetzen allerdings gerade nicht die eigentliche Ermächtigung problematisch. Diese muß zwar die sich aus Art. 80 Abs. 1 Satz 2 GG ergebenden Bestimmtheitserfordernisse erfüllen. Sie unterscheidet sich damit aber nicht von sonstigen Ermächtigungen zu einfachem Verordnungsrecht. Zu Bedenken gibt nur die Subsidiaritätsklausel Anlaß, das heißt die Vorschrift, die den Bestand der gesetzlichen Regelung vom Nichterlaß einer abweichenden Verordnung abhängig macht. Diese Klausel wird aber, da sie selbst keine Ermächtigung enthält, sondern nur die Geltungsdauer gesetzlicher Vorschriften regelt,

---

[75] So OVG Hamburg, MDR 53, 185 (186); *Bettermann*, MDR 52, 1 (4); *v. Mangoldt*, 1. Aufl., Art. 80, Anm. 2 (S. 432). *Holtkotten* in BK, Art. 80, Anm. II D 1; *Kleinrahm*, DVBl. 50, 298 (299); *Maunz* in Maunz-Dürig, Art. 80, Rdnr. 10.

[76] So BVerfGE 7, 282 (291) — 8, 274 (306) — 15, 153 (160), st.Rspr.; BVerwGE 1, 104 (108, 114); BFinH, BSteuerBl. 1966 III, 114 (117); *Lange*, JR. 68, 8 (10); *Peter*, AöR 92, 357 (373 f.); *Lerche*, DVBl. 58, 524 (534 Fußn. 104); *Schmidt-Bleibtreu-Klein*, Art. 80 Rdnr. 10. Vgl. weiter *Schack*, DÖV 62, 652 (653 f.); *Bernhard Wolff*, AöR 78, 194 (209 ff.).

[77] BVerfGE 2, 307 (330 ff.); *Schmidt-Bleibtreu-Klein*, Art. 129 Rdnr. 3.

[78] Vgl. oben Fußn. 2 und 3.

von Art. 80 Abs. 1 Satz 2 GG nicht erfaßt und kann ihn deshalb auch nicht verletzen.

Selbst wenn man aber Subsidiaritätsklausel und Ermächtigung als untrennbare Einheit ansehen wollte, wäre zu fragen, ob eine Gesetzesänderung durch einfache Rechtsverordnung gegen Art. 80 Abs. 1 Satz 2 GG verstößt. Letztere Vorschrift enthält insofern eine Beschränkung der Delegationsbefugnis des Gesetzgebers, als nach Satz 2 Inhalt, Zweck und Ausmaß der erteilten Ermächtigung im Gesetz bestimmt werden müssen. Hierbei handelt es sich um zunächst recht formale Kriterien, die ihrem unmittelbaren Wortsinn nach kaum einen Schutz gegen übermäßig weitgehende Delegationen gewähren. So ist etwa die Ermächtigung an die Exekutive, das Erbrecht des unehelichen Kindes zur Durchführung des Verfassungsauftrags in Art. 6 Abs. 5 GG durch Rechtsverordnung im Sinne einer völligen Gleichstellung von ehelichen und unehelichen Kindern neu zu regeln, nach Inhalt, Zweck und Ausmaß eindeutig bestimmt. Aus Gründen der Rechtsstaatlichkeit bestünden gegen eine so weitgehende Ermächtigung aber Bedenken.

Art. 80 Abs. 1 Satz 2 GG wird daher nahezu allgemein so ausgelegt, daß er nicht nur eine Formvorschrift, sondern auch eine materielle Begrenzung bedeutet[79]. Dabei stützt man sich einmal auf Entstehungsgeschichte[80] und Zweck der Vorschrift, die nach den Erfahrungen vergangener Jahrzehnte gerade die Rechtsstaatlichkeit, besonders in ihrer Erscheinungsform der Gewaltenteilung, schützen soll[81]. Zum anderen gelangt man aus einer Interpretation des Art. 80 Abs. 1 Satz 2 GG im Zusammenhang mit den übrigen Vorschriften des Grundgesetzes zum gleichen Ergebnis[82]. Dabei spielt wieder das etwa in Art. 1 Abs. 3, 20 und 28 Abs. 1 Satz 1 GG zum Ausdruck kommende Rechtsstaatsprinzip die entscheidende Rolle.

Als konkreter Prüfungsmaßstab hat sich im wesentlichen die Formel des Bundesverfassungsgerichts durchgesetzt, nach der die Ermächtigung so bestimmt sein muß, daß vorausgesehen werden kann, in welchen Fällen und mit welcher Tendenz von ihr Gebrauch gemacht werden wird und welchen Inhalt die auf Grund der Ermächtigung erlassenen Verordnungen haben können[83].

---

[79] BVerwGE 4, 24 (50); *Klein*, Übertragung, S. 7 (49); *Bernhard Wolff*, AöR 78, 194 (195 ff.); *Peter*, AöR 92, 357 (372); *Wilke* in v. *Mangoldt-Klein*, Art. 80, Anm. VI; der Sache nach ebenso das BVerfG in st. Rspr., vgl. BVerfGE 1, 14 (60) — 7, 282 (301).
[80] Zur Entstehungsgeschichte des Art. 80 vgl. JöR n.F. 1, 587 ff.
[81] *Klein*, Übertragung, S. 7 (49); BGH, NJW 68, 294 (295).
[82] *Klein*, Übertragung, S. 7 (50 ff.).
[83] BVerfG in st. Rspr., vgl. BVerfGE 1, 14 (60) — 7, 282 (301) — 15, 153 (160) — 19, 354 (361 f.) m. w. Nachw.; *Maunz* in *Maunz-Dürig*, Art. 80 Rdnr. 13; *Lange*, JR 68, 8 (11).

D. Die Zulässigkeit von Gesetzen unter Verordnungsvorbehalt

Das schließt Ermächtigungen zu einfachen Rechtsverordnungen, die verordnungssubsidiäres Gesetzesrecht ablösen, nicht aus. Auch sie können bestimmt genug sein, um den so verstandenen Anforderungen des Art. 80 Abs. 1 Satz 2 zu genügen. Als Beispiel sei auf §§ 3 c bis 3 e Wohnraumbewirtschaftungsgesetz[84] verwiesen, auf Grund deren die Wohnraumbewirtschaftung bei Vorliegen eines genau festgelegten statistischen Verhältnisses von Angebot und Nachfrage auf dem Wohnungsmarkt durch Rechtsverordnung aufgehoben werden kann oder muß. Art. 80 Abs. 1 Satz 2 GG ist durch verordnungssubsidiäre Gesetze demnach nicht unmittelbar verletzt.

III. Rechtsstaatsprinzip und „Vorrang des Gesetzes"

Die Subsidiarität von Gesetzen hinter Verordnungen hat zur Folge, daß praktisch der Erlaß der Verordnung das entsprechende Gesetzesrecht außer Kraft setzt, auch wenn es konstruktiv das Gesetz selbst ist, das sein Außerkrafttreten bewirkt. Hierin könnte eine Verletzung des bereits erwähnten „Vorrangs des Gesetzes" zu sehen sein[85], eines heute in Art. 20 Abs. 3 GG positiv normierten Grundsatzes, der ursprünglich aus dem Gewaltenteilungsprinzip abgeleitet wurde[86] und der einen Teilaspekt des Prinzips der Normenhierarchie bildet[87].

Bei der Prüfung eines solchen Verstoßes taucht zunächst die Vorfrage auf, ob der „Vorrang des Gesetzes" hier überhaupt einen relevanten Gesichtspunkt bedeutet. Das ist zweifelhaft, weil nach einer verbreiteten Ansicht die Zulässigkeit nachkonstitutioneller Ermächtigungen sich allein und ausschließlich nach Art. 80 Abs. 1 GG richtet[88], so daß ihre Überprüfung an allgemeinen Verfassungsprinzipien wie dem Vorrang des Gesetzes nicht nötig und möglich erscheint. Dieser Streit braucht jedoch an dieser Stelle nicht entschieden zu werden, da ein Verstoß gegen das Vorrangsprinzip — wie sich aus dem folgenden ergibt — jedenfalls nicht festgestellt werden kann.

Allerdings dürfte die Begründung, mit der das Bundesverfassungsgericht[89] und *Jesch*[90] eine Verletzung dieses Verfassungsgrundsatzes

---

[84] In der Fassung vom 23. 6. 1960, BGBl. I S. 418.
[85] Vgl. hierzu BVerfGE 8, 155 (169 f.).
[86] Vgl. *Otto Mayer*, Verwaltungsrecht, Bd. 1, S. 64 ff. Aus dem neueren Schrifttum vgl. *Maunz* in *Maunz-Dürig*, Art. 20, Rdnr. 127 ff.; *Hesse*, Verfassungsrecht, S. 79, 190.
[87] Vgl. *Jesch*, Gesetz und Verwaltung, S. 29.
[88] So etwa *Lange*, JR 68, 8 (11) und *Peter*, AöR 92, 357 (379).
[89] BVerfGE 8, 155 (169 f.).
[90] *Jesch*, AöR 84, 74 (92).

verneinen, kaum überzeugen. Nach ihnen liegt im Fall der gesetzesändernden Verwaltungsvorschriften nach § 346 Abs. 1 LAG ein Verstoß gegen den Vorrang des Gesetzes deshalb nicht vor, weil das Gesetz eine abweichende rangniedrigere Regelung ausdrücklich vorsehe, Gesetz und Verordnung also in Übereinstimmung stünden. Eine solche Übereinstimmung von Gesetz und Verordnung ist zwar auch bei den hier zur Erörterung stehenden Gesetzen, die eine Subsidiarität hinter Rechtsverordnungen vorsehen, gegeben. Es ist jedoch zu bezweifeln, ob sich aus diesem Umstand die vom Bundesverfassungsgericht und von *Jesch* gezogene Schlußfolgerung ableiten läßt. Die Vereinbarkeit gesetzesändernder einfacher Rechtsverordnungen oder Verwaltungsvorschriften mit dem Prinzip des Gesetzesvorrangs erscheint nicht wegen fehlender Übereinstimmung von Gesetz und Verordnung problematisch. Vielmehr geht es um die Zulässigkeit der gesetzlichen Subsidiaritätsregelung selbst, und hier ergibt sich die Frage, ob diese Regelung nicht möglicherweise eine unzulässige Disposition des einfachen Gesetzgebers über das Prinzip des Gesetzesvorrangs bedeutet.

Dafür spricht vor allem der Umstand, daß hier gesetzliche Bestimmungen durch rangniedrigere verdrängt werden. Eine solche Verdrängung findet freilich streng formal gesehen gerade nicht statt. Das Bundesverfassungsgericht legt mit Recht der Sache nach dar, daß nicht die Verordnung aus eigener Kraft dem Gesetz die Geltung entzieht, sondern daß das Gesetz auf Grund der in ihm enthaltenen Subsidiaritätsklausel selbst hinter der rangniedrigeren Vorschrift zurücktritt[91]. Es ist das Gesetz, nicht die Verordnung, die den Normenwechsel bewirkt[92]. Der Rang von Gesetz und Verordnung bleibt unangetastet. Aus *diesem* Grunde wird das Prinzip des Vorrangs des Gesetzes nicht berührt und deshalb auch nicht verletzt.

Die ausschließlich formal-konstruktive Natur der bisherigen Betrachtungsweise zwingt jedoch zu der Frage, ob nicht zumindest eine *Umgehung* des Gesetzesvorrangs konstatiert werden muß. Bei näherem Zusehen ergibt sich jedoch, daß grundsätzliche Bedenken gegen die Subsidiarität ranghöherer Normen gegenüber rangniedrigeren Regelungen nicht bestehen. Entsprechende Subsidiaritätsklauseln sind vielmehr auch außerhalb des Bereichs der gesetzesändernden Verordnungen eine überaus häufige Erscheinung, die — soweit ersichtlich — bisher noch nie als mit dem Grundsatz der Normenhierarchie unvereinbar beanstandet wurde.

---

[91] BVerfGE 8, 155 (169 f.).
[92] Verordnungssubsidiäre Gesetze und Ermächtigungen zu gesetzesvertretenden Verordnungen im Sinne von Art. 129 Abs. 3 GG sind deshalb etwas konstruktiv grundlegend Verschiedenes und nicht, wie *Jesch*, AöR 84, 74 (88 Fußn. 32), meint, derselbe Tatbestand.

D. Die Zulässigkeit von Gesetzen unter Verordnungsvorbehalt

Das zeigen einmal die zahlreichen Verfassungsvorschriften mit Gesetzesvorbehalt, bei denen eine umfassend formulierte Regelung der Konstituante partiell der Disposition des einfachen Gesetzgebers überantwortet wird. Für die noch viel häufigeren gesetzlichen Ge- und Verbote mit Ausnahmeklausel, auf die auch das Bundesverfassungsgericht[93] hinweist, gilt dasselbe. Auch hier ist eine höherrangige Vorschrift gegenüber der abweichenden Regelung durch im Rang untergeordnete Maßnahmen subsidiär.

Man hat nun geltend gemacht, ein Vergleich solcher Subsidiaritätsverhältnisse mit gesetzesändernden Verordnungen sei nicht statthaft. Es handele sich bei der Auswechslung einer Gesetzesnorm durch eine ebenso allgemeine Regelung in einer untergesetzlichen Vorschrift um etwas qualitativ anderes als bei der Erteilung einer Ausnahmeerlaubnis. Bei letzterer bleibe das gesetzliche Ge- oder Verbot ansonsten unverändert bestehen, während es im ersteren Fall generell seine Geltung verliere[94].

Diesen Unterschied wird man kaum leugnen wollen, es ließe sich höchstens fragen, ob es dabei wirklich um einen qualitativen oder nur um einen quantitativen Unterschied geht. Das kann aber dahinstehen, weil es sich jedenfalls um keinen in diesem Zusammenhang *relevanten* Unterschied handelt. Erheblich ist hier einzig die Frage, ob eine Subsidiarität ranghöherer Normen gegenüber rangniedrigeren Regelungen grundsätzlich zulässig ist. Eine gegenständlich beschränkte Subsidiarität liegt aber auch bei gesetzlichen Ge- und Verboten mit Ausnahmeklausel vor, denn für den Adressaten der Ausnahmegenehmigung gilt das gesetzliche Ge- oder Verbot eben gerade nicht mehr. Im entscheidenden Punkt ist damit die Lage bei verordnungssubsidiären Gesetzen und Gesetzen mit Ausnahmeklauseln identisch. Damit zeigt sich, daß ein generelles Verbot der Subsidiarität höherrangiger Normen gegenüber rangniedrigeren Vorschriften nicht existiert. Andere Bedenken gegen verordnungssubsidiäre Gesetze als solche ergeben sich ebenfalls nicht. Man wird sie daher als grundsätzlich zulässig ansehen müssen.

Dieses Ergebnis bedeutet nun nicht, daß hier einer schrankenlosen Freiheit des Gesetzgebers zu den weitestgehenden Delegationen das Wort geredet und damit eine Rückkehr zum Weimarer Zustand befürwortet würde. Vielmehr ist zu der Frage, mit welchem Inhalt solche Regelungen zulässig sind, bisher nicht Stellung genommen. Insoweit ergeben sich noch zu erörternde Grenzen. Auf Grund der bisherigen Untersuchungen steht lediglich fest, daß eine Ermächtigung zum Ablösen oder Aufheben von gesetzlichen Regelungen durch einfache Rechts-

---

[93] BVerfGE 8, 155 (171).
[94] *Jesch*, AöR 84, 74 (89).

III. Rechtsstaatsprinzip und Vorrang des Gesetzes

verordnung jedenfalls nicht schon an sich unstatthaft ist, das heißt, daß solche Ermächtigungen eine grundsätzlich von der Verfassung erlaubte rechtliche Gestaltungsmöglichkeit darstellen[95].

Bereits aus diesem Zwischenergebnis folgt aber eines: Wenn eine Ermächtigung zum Ändern gesetzlicher Regelungen im Weg einfacher Verordnung grundsätzlich zulässig ist, so läßt sich jede entsprechende Ermächtigungsnorm, bei der ein gegenteiliger Anhaltspunkt fehlt, nur als Ermächtigung zu einfachen Verordnungen und nicht zu Verordnungen mit Gesetzesrang interpretieren. Denn es ist nicht anzunehmen, daß die Legislative der Exekutive mehr Rechte überträgt, als diese zur Regelung der delegierten Materie benötigt. Die oben untersuchten Delegationsnormen können demnach nur als Ermächtigungen zu einfachen Rechtsverordnungen qualifiziert werden[96].

---

[95] Das gilt jedenfalls bei einer Subsidiaritätsklausel zugunsten von Rechtsverordnungen. Ob bei einem entsprechenden Vorbehalt zugunsten von Verwaltungsvorschriften ebenso zu entscheiden ist, wie das BVerfG meint (BVerfGE 8, 155 ff.), kann zweifelhaft sein. Das Rechtsstaatsprinzip erfordert, daß für jedermann die Möglichkeit besteht, sich über Geltung und Inhalt der Gesetze ohne weiteres zu informieren. Daran fehlt es, wenn gesetzliche Regeln durch Verwaltungsvorschriften ersetzt werden können, für die nicht die gleichen Publizitätserfordernisse wie für Rechtsverordnungen gelten.

[96] a. A. *Sturmhöfel*, Das Verordnungsrecht im Gewaltenteilungssystem des Grundgesetzes, S. 73 Fußn. 1, der § 77 Zollgesetz und § 3 c Wohnraumbewirtschaftungsgesetz (vgl. oben A III 1 a) als Ermächtigungen zu Verordnungen mit Gesetzesrang ansieht. Da *Sturmhöfel* eine Gesetzesänderung durch einfache Rechtsverordnung ablehnt (a.a.O., S. 18), ist dieses Ergebnis für ihn konsequent.

3 Sinn

E. Formelle Gestaltungsgrenzen

Erst jetzt, nachdem die Zulässigkeit verordnungssubsidiärer Gesetze als rechtliche Gestaltungsform klargelegt ist, stellt sich die weitere, ganz andere Frage nach ihren Grenzen. Es sollen zunächst die formellen und später die inhaltlichen Schranken für derartige Regelungen untersucht werden.

Bei der Konkretisierung der formellen, das heißt der rechtstechnischen Gestaltungsmöglichkeiten ist einiges ganz unproblematisch. So kann die Ermächtigung an die Exekutive, von gesetzlichen Normen abzuweichen, sich auf einzelne Vorschriften eines Gesetzes beziehen. Es bestehen aber auch keine grundsätzlichen Bedenken, diese Befugnis auf ein ganzes Gesetz zu erstrecken. Das bedeutet lediglich einen quantitativen Unterschied, der den Rang von Gesetz und Verordnung unberührt läßt. Inwieweit eine solche Ermächtigung wegen ihres Umfangs unstatthaft sein könnte, ist ein Problem der noch zu erörternden inhaltlichen Ermächtigungsgrenzen.

Die Ermächtigung kann befristet oder unbefristet sein. Sie kann ein zeitweiliges oder dauerndes Abweichen von gesetzlichen Vorschriften gestatten. Es erscheint auch nicht bedenklich, wenn die Ermächtigung das bloße Außerkrafttreten gesetzlicher Normen auf Grund einer Verordnung vorsieht, die selbst keine Neuregelung enthält, wie das etwa bei der Aufhebung der Wohnraumbewirtschaftung nach den §§ 3 c bis 3 e Wohnraumbewirtschaftungsgesetz[97] der Fall ist. Die Verordnung beschränkt sich hier darauf, das im Gesetz vorgesehene Tatbestandsmerkmal zu bilden, welches das Außerkrafttreten des Gesetzes bedingt.

Schwieriger zu beantworten ist die Frage, ob der Exekutive nur das Abweichen von dem ermächtigenden Gesetz selbst gestattet werden darf[98] oder auch die Neuregelung einer Materie unter Außerachtlassen anderer Gesetze. Soweit diese Gesetze in der Ermächtigungsnorm einzeln aufgezählt sind, bestehen gegen letzteres keine Bedenken. Alle bezeichneten Gesetze werden in diesem Falle durch die Ermächtigungsnorm insofern geändert, als sie im Ausmaß der Ermächtigung unter Verordnungsvorbehalt gestellt werden.

---

[97] In der Fassung vom 23. 6. 1960, BGBl. I S. 418, vgl. oben S. 16 f.
[98] So *H. J. Wolff*, a.a.O. (Fußn. 23).

E. Formelle Gestaltungsgrenzen

Sehr viel zweifelhafter erscheint auf den ersten Blick dagegen eine globale Ermächtigung nach Art des § 1 Verkehrssicherstellungsgesetz, die dazu berechtigt, bestimmte Materien neu zu regeln, obwohl insoweit bereits gesetzliche Regelungen vorliegen, die in der Ermächtigungsnorm nicht genannt werden[99]. Hier steht nicht von vornherein eindeutig fest, gegenüber welchen gesetzlichen Vorschriften die Ermächtigung gilt. Aber es fragt sich, ob sich dieser Fall wirklich — wie *Poetzsch*[100] annahm — grundlegend von dem einer Ermächtigung zum Ändern von ausdrücklich genannten Gesetzen unterscheidet. Auch dort erfolgt keine Modifikation der unter Verordnungsvorbehalt gestellten Gesetze durch Änderung ihres Rangs oder Wortlauts, sondern es handelt sich — wie hier — lediglich um eine Änderung durch Derogation[101].

Für eine Gesetzesänderung im Wege der Derogation ist es aber bekanntlich gerade kein Essentiale, daß das derogierende Gesetz ausdrücklich erkennen läßt, gegenüber welchen älteren Normen es im einzelnen eine Änderung bringt. Dies muß jeweils in concreto durch Auslegung bestimmt werden. Aus der sich hieraus ergebenden Unsicherheit lassen sich also keine Bedenken herleiten. Man wird deshalb auch eine Ermächtigung, die nur den zu regelnden Sachbereich nennt, nicht aber die betroffenen gesetzlichen Vorschriften, von denen abgewichen werden darf, als zulässig ansehen müssen. Voraussetzung ist freilich auch hier, daß die Ermächtigung die bestehenden inhaltlichen Schranken einschließlich derjenigen aus Art. 80 Abs. 1 Satz 2 GG nicht überschreitet.

Größte Bedenken ergeben sich aber gegen die besonders im Abgabenrecht verbreitete Praxis[102], der Exekutive die Änderung des Wortlauts formeller Gesetze zu gestatten.

Die Änderung gesetzlicher Regeln durch Erlaß abweichender einfacher Rechtsverordnungen ist bei entsprechender Ermächtigung, wie oben[103] ausgeführt wurde, möglich, weil das betreffende Gesetz selbst bestimmt, daß es bei Erlaß der Verordnung zurücktritt und damit den Weg für eine abweichende untergesetzliche Regelung freimacht. Hier soll das Gesetz aber nicht nur in seiner bisherigen Fassung außer Kraft treten, sondern selbst auf Grund der Verordnung einen neuen Inhalt bekommen. Die Verordnung kann deshalb nicht bloßes Tatbestandsmerkmal

---

[99] Vgl. oben A III 1 b a. E.
[100] *Poetzsch*, Verh. des 32. dt. Juristentags, S. 35 (44). *Poetzsch* wollte nur das Abweichen von genau bezeichneten gesetzlichen Vorschriften zulassen.
[101] Das verkennt *Poetzsch* a.a.O. (Fußn. 100) indem er die hier abgelehnte Delegalisationstheorie (vgl. oben B) zugrunde legt (a.a.O., S. 41 ff., 44). Von dieser her gesehen ist sein Ergebnis allerdings konsequent.
[102] Vgl. oben A III 1 a.
[103] Vgl. oben C.

des Gesetzes sein, dessen Vorliegen eine im Gesetz selbst vorgesehene Folge hervorruft. Vielmehr muß sie darüber hinaus aktiv die Substanz des Gesetzes in neuer Weise gestalten. Das aber ergibt unerträgliche Konsequenzen:

Da eine Vorschrift keinen höheren Rang haben kann als die Norm, der sie ihre Entstehung verdankt, sind die neugefaßten Teile des Gesetzes als bloßes Verordnungsrecht zu betrachten. Das heißt, das „Gesetz" besteht nach seiner Änderung durch die Exekutive nur noch bezüglich seines ursprünglichen Bestandes aus echten formell-gesetzlichen Normen und im übrigen aus Vorschriften im Rang einfacher Verordnung, die nur äußerlich in den Wortlaut eines formellen Gesetzes integriert sind.

Eine solche Konstruktion läßt sich schon deshalb nicht rechtfertigen, weil die Form des Gesetzes von verfassungswegen nur für die Beschlüsse der Volksvertretung im förmlichen Gesetzgebungsverfahren bestimmt ist. Noch mehr fällt ins Gewicht, daß eine Vermengung gesetzlicher und untergesetzlicher Vorschriften in einem Normenwerk auch die Rechtssicherheit und damit die Rechtsstaatlichkeit[104] in unzulässiger Weise beeinträchtigt, weil nicht mehr ohne weiteres ersichtlich ist, um welche Art von Normen es sich im Einzelfall handelt. So ist dem „Deutschen Zolltarif 1967" nicht zu entnehmen, welche Zollsätze noch aus dem ursprünglichen Zollgesetz stammen und welche seitdem durch die Exekutive neu festgesetzt oder neu eingeführt wurden. Das mag beim Zolltarif auf den ersten Blick nicht problematisch erscheinen. Der Unterschied von Gesetz und Verordnung hat aber wegen der ungleichen demokratischen Legitimation beider Normgattungen und wegen der hierauf beruhenden Konsequenzen für Rang, Auslegung und Normenkontrolle ein so weitreichendes Gewicht, daß er im Einzelfall aus Gründen der Rechtsstaatlichkeit ohne besondere Nachforschungen erkennbar sein muß. *Hesse* betont mit Recht, daß die „rationalisierende und Freiheit sichernde" Wirkung des Rechtsstaates von der Klarheit und Bestimmtheit rechtlicher Anordnung abhängig ist[105].

Eine solche Beeinträchtigung der Rechtssicherheit und Rechtsstaatlichkeit ließe sich höchstens hinnehmen, wenn ganz überwiegende Gründe dies rechtfertigten. Derartige Umstände sind jedoch nicht ersichtlich, da keine Notwendigkeit für das Ändern des Wortlauts von Gesetzen durch Rechtsverordnung besteht. Die Ermächtigung, eine Materie durch abweichende Verordnung selbständig zu normieren, leistet die entsprechenden Dienste.

---

[104] Zur Rechtssicherheit als wesentlichem Bestandteil der Rechtsstaatlichkeit vgl. BVerfGE 2, 380 (403) — 3, 225 (237).
[105] *Hesse*, Verfassungsrecht, § 6 II 2 a. E. (S. 81).

E. Formelle Gestaltungsgrenzen

Eine Änderung des Wortlauts formeller Gesetze ist demnach jedenfalls durch einfache Rechtsverordnung nicht möglich. Soweit derartige Ermächtigungen erteilt wurden[106] verstoßen sie gegen das Rechtsstaatsprinzip. Sie sind damit verfassungswidrig und nichtig. Etwas anderes würde nur gelten, wenn sie sich trotz des Fehlens jedes dahingehenden Hinweises als Ermächtigungen zu Verordnungen mit Gesetzeskraft auslegen ließen und wenn solche Ermächtigungen darüber hinaus unter dem Grundgesetz zulässig wären. Gegen beides bestehen erhebliche Bedenken, denen hier aber nicht nachgegangen wird, da die vorliegende Arbeit sich allein mit der Änderung gesetzlicher Vorschriften im Wege *einfacher* Rechtsverordnungen befaßt.

Insgesamt kann demnach festgestellt werden, daß die nachkonstitutionelle Ermächtigungspraxis sich höchstens insofern verfassungswidriger Gestaltungsmittel bedient, als sie zur Änderung des Wortlauts von Gesetzen ermächtigt. Im übrigen bestehen gegen die von der Praxis mit verordnungssubsidiären Gesetzen verfolgten gesetzgebungstechnischen Zwecke keine prinzipiellen Bedenken.

---

[106] Vgl. oben A III 1 a.

F. Inhaltliche Grenzen

Sehr viel komplexer als der rechtstechnische Rahmen ist das Problem der inhaltlichen Grenzen von Gesetzen unter Verordnungsvorbehalt. Es geht dabei um die Frage, zu welchen materiellen Zwecken und in welchem Umfang von dieser gesetzgeberischen Gestaltungsmöglichkeit Gebrauch gemacht werden darf. Auf den ersten Blick erscheint die Antwort sehr einfach. Ein wirksamer Verordnungsvorbehalt in einem Gesetz ist nur denkbar, soweit entsprechendes Verordnungsrecht überhaupt zulässig ist. Der Gesetzgeber kann den Bestand von Gesetzen deshalb nur da der Disposition der ausführenden Gewalt überlassen, wo er die Möglichkeit zur Delegation von Rechtsetzungsbefugnissen hat. Damit scheiden verordnungssubsidiäre Gesetze aus, wo die Verfassung wie in Art. 103 Abs. 2 GG eine delegierte Rechtsetzung verbietet[107]. Im übrigen müssen sie sich jedenfalls im Bereich der allgemeinen Ermächtigungsgrenzen halten, und es scheint höchstens offenzubleiben, ob sich darüber hinaus zusätzliche Schranken ergeben.

I. Artikel 80 Abs. 1 GG und das Gewaltenteilungsprinzip

Erhebliche Schwierigkeiten stellen sich aber schon ein, wenn man versucht, die allgemeinen Ermächtigungsgrenzen zu bestimmen. Die einschlägige Verfassungsnorm des Art. 80 Abs. 1 GG bildet insoweit zwar die Grundlage für einzelne heute etablierte Regeln, die teilweise nicht nur die Form, sondern auch den materiellen Inhalt von Ermächtigungen betreffen[108]. Es versteht sich von selbst, daß diese Erfordernisse auch bei Ermächtigungen zum Ablösen von verordnungssubsidiären Gesetzen eingehalten sein müssen.

Art. 80 Abs. 1 Satz 2 GG reicht aber als inhaltliche Grenze für die Delegation von Rechtsetzungsbefugnissen auch in seiner gegenwärtigen

---

[107] Vgl. *Walter Schmidt*, Gesetzesvollziehung durch Rechtsetzung, S. 200 f., der freilich übersieht, daß nicht jede Anordnung gesetzlicher Regelung im Grundgesetz eine Regelung im Wege der delegierten Gesetzgebung unmöglich macht. So waren etwa Rechtsverordnungen nach § 12 Abs. 1 Ladenschlußgesetz, die Angelegenheiten der Berufsausübung regeln, mit dem entsprechenden Gesetzesvorbehalt in Art. 12 Abs. 1 Satz 2 GG auch vor dessen klarstellender Neufassung durch die Grundgesetzänderung vom 24. 6. 1968 vereinbar. Vgl. hierzu *Maunz* in *Maunz-Dürig*, Art. 12, Rdnr. 10.

[108] Vgl. die oben Fußn. 79 Genannten.

I. Artikel 80 Abs. 1 GG und das Gewaltenteilungsprinzip

extensiven Auslegung nicht aus. Diese Interpretation zielt darauf ab, Ermächtigungen von übermäßiger inhaltlicher Weite zu inhibieren. Das hat seinen guten Grund und beruht auf leidvollen historischen Reminiszenzen. Es wird aber nicht den Gefahren gerecht, die sich aus der Delegation eng begrenzter, aber dafür inhaltlich um so bedeutsamerer Regelungsmaterien ergeben.

Durch Art. 80 Abs. 1 Satz 2 GG in seiner gegenwärtigen herrschenden Auslegung würde beispielsweise nicht ohne weiteres die Ermächtigung an die Bundesregierung gehindert, durch Verordnung ein genau bezeichnetes mehrheitsbildendes Wahlrecht einzuführen, sobald mehr als vier Parteien im Bundestag vertreten sein sollten[109]. Dasselbe gälte für die Ermächtigung, bei einer bestimmten statistischen Arbeitsbelastung des Bundesverfassungsgerichts für das Verfassungsbeschwerdeverfahren genau umrissene, verhältnismäßig hohe Gerichtsgebühren einzuführen. In beiden Fällen würde es sich um sehr präzise, eng umgrenzte Ermächtigungen handeln, die den Kriterien des Bundesverfassungsgerichts zu Art. 80 Abs. 1 S. 2 GG[110] voll entsprächen. Es wäre klar ersichtlich, wann und mit welcher Tendenz von den Ermächtigungen Gebrauch gemacht werden kann und welchen Inhalt die zu erlassenden Verordnungen haben können. Andererseits würde der Exekutive, sofern ihr nicht zugleich die Pflicht zum Gebrauchmachen von der Ermächtigung auferlegt ist, die Entscheidung über so bedeutsame Angelegenheiten übertragen, daß sich dies mit dem Gewaltenteilungsprinzip kaum noch vereinbaren ließe.

Hielte man dennoch an der herrschenden Auslegung des Art. 80 Abs. 1 Satz 2 GG fest und wollte man nachkonstitutionelle Ermächtigungen nur an dieser Verfassungsnorm messen, wie das teilweise gelehrt wird[111], so hätte das zur Konsequenz, daß Rechtsstaats- und Gewaltenteilungsprinzip durch Art. 80 Abs. 1 Satz 2 GG auf dem Gebiet der Delegation von Rechtsetzungsbefugnissen in ihrer Tragweite auf die soeben geschilderte Weise eingeschränkt würden. Art. 80 Abs. 1 Satz 2 GG soll aber, wie schon oben erwähnt wurde[112], gerade im Gegenteil den verstärkten Schutz dieser Prinzipien gewährleisten. Bei der Prüfung der Zulässig-

---

[109] Art. 38 Abs. 3 GG sieht zwar die Regelung des Wahlrechts in einem Bundesgesetz vor. Das schließt eine Regelung durch Delegation aber nicht ohne weiteres aus. Von dieser Möglichkeit hat der Bundesgesetzgeber sogar in begrenztem Umfang Gebrauch gemacht durch die Ermächtigung zum Erlaß der Bundeswahlordnung in § 53 Bundeswahlgesetz. Eine inhaltliche Beschränkung solcher Delegationen läßt sich Art. 38 Abs. 3 GG selbst nicht entnehmen. Sie kann daher höchstens aus allgemeinen Verfassungsgrundsätzen folgen.
[110] Vgl. oben D II.
[111] Vgl. oben Fußn. 88.
[112] Vgl. oben S. 29.

keit von Ermächtigungen müssen daher jedenfalls im Ergebnis auch Gesichtspunkte berücksichtigt werden, die sich unmittelbar aus den genannten allgemeinen Verfassungsprinzipien ergeben.

Dies kann nur geschehen, indem man entweder zusätzliche Grenzen auf Grund des Rechtsstaats- und Gewaltenteilungsprinzips in die Auslegung des Art. 80 Abs. 1 Satz 2 GG integriert[113], oder indem man eine unmittelbare Überprüfung von Ermächtigungsnormen an den genannten allgemeinen Verfassungsprinzipien gestattet[114]. Die Unterschiede, die sich ergeben, sind nicht bedeutend. Es kommt deshalb nicht darauf an, welchen der beiden denkbaren Wege man einschlägt. In beiden Fällen müssen letztlich dieselben Erwägungen maßgeblich sein, die beide Male vom Rechtsstaats- und Gewaltenteilungsprinzip her bestimmt werden. Auch die Autoren, die Verordnungsermächtigungen allein an Art. 80 Abs. 1 Satz 2 GG messen, greifen dabei auf diese Verfassungsgrundsätze zurück[115].

II. Schranken auf Grund des Gewaltenteilungsprinzips

1. Das Gewaltenmodell des Grundgesetzes

Die Gewaltenteilungsidee, die bei der Überprüfung sonstiger Verordnungsermächtigungen neben den spezielleren Schranken des Art. 80 Abs. 1 Satz 2 GG selten herangezogen zu werden braucht, gewinnt bei Ermächtigungen zur Ablösung von verordnungssubsidiären Gesetzen an Bedeutung. Die Gefahr eines unzulässigen Einbruchs der Exekutive in das Reservat der Legislative erscheint hier größer, weil die Regelung von Materien delegiert wird, die einmal als wichtig genug angesehen wurden, um in einem förmlichen Gesetz Aufnahme zu finden.

Während die Interpretation der mehr formellen Schranken aus Art. 80 Abs. 1 Satz 2 GG aber längst deutlichere Konturen gewinnt, steckt gerade das Ausmaß einer materiellen Begrenzung der delegierten Rechtsetzung durch das Gewaltenteilungsprinzip noch im Ungewissen. Das beruht nicht zuletzt darauf, daß es „das" Gewaltenteilungsprinzip nicht gibt, aus dem man solche Schranken ohne weiteres ableiten könnte. Im Gegenteil. Der zuerst von *Platon*[116], dann von *Polybios*[117], *Cicero*[118]

---

[113] So *Peter*, AöR 92, 357 (379 f.); *Bernhard Wolff*, AöR 78, 194 (195 ff.).

[114] So *Schack*, JZ 64, 252 (254) und DÖV 62, 652 (654, 655); *Laidig*, Gesetzesvertretende Verordnungen, S. 85 ff., 101 f.; Oft legt man dieses Verfahren als selbstverständlich zugrunde, vgl. LVG Hamburg, DVBl. 53, 571 (574) und BayVGH, BayVwBl. 56, 283 (285).

[115] Etwa *Klein*, Übertragung, S. 7 (50 ff.).

[116] *Platon*, Gesetze, Buch III, p. St. 691 ff.

[117] *Polybios* schildert in seiner um 150 v. Chr. entstandenen „Geschichte" (Buch VI, 11—17) nicht nur die Aufteilung der Staatsgewalt in Rom auf

II. Schranken auf Grund des Gewaltenteilungsprinzips

und zu Beginn der Neuzeit von *Machiavelli*[119] vorgebrachte Gedanke, die Macht im Staat nicht nur, wie es *Aristoteles*[120] tat, in drei Funktionen zu unterscheiden, sondern sie auch auf drei verschiedene Träger zum Zwecke der gegenseitigen Hemmung und Kontrolle zu verteilen, hat seit *Locke*[121], *Bolingbroke*[122] und *Montesquieu*[123] die unterschiedlichsten Ausgestaltungen erfahren. Es kann deshalb hier nicht ein abstraktes Gewaltenteilungsprinzip, sondern nur die Gewaltenteilung des Grundgesetzes maßgeblich sein[124].

Auch das Grundgesetz stellt aber nun kein umfassendes System auf, sondern enthält lediglich einzelne Normen, die den klassischen Gewaltenteilungsgedanken im Sinne der Dreiteilung von Legislative, Exekutive und Judikative[125] zum Ausdruck bringen oder die auf ihm beruhen. Es handelt sich um Art. 20 Abs. 2 Satz 2 sowie Art. 1 Abs. 3, 19 Abs. 1 Satz 1, 20 Abs. 3, 80, 92, 97 und 129 Abs. 3 GG. Eine Aussage

---

Konsuln, Senat und Volk, sondern er bezeichnet die in einer solchen Dreiteilung verwirklichte Verbindung von monarchischem, aristokratischem und demokratischem Element auch als die beste aller Verfassungsformen (a.a.O. VI, 3). Denn, "wenn einer der drei Teile die ihm gezogenen Grenzen überschreitet und sich eine größere Macht anmaßt, als ihm zusteht, dann erweist sich der Vorteil dessen, daß keiner selbstherrlich ist, sondern in den anderen sein Gegengewicht hat und von ihnen in seinen Absichten gehindert werden kann: keiner darf zu hoch hinaus, keiner alle Dämme überfluten. Dem ungestümen Machtdrang wird ein Dämpfer aufgesetzt oder er scheut von vornherein den zu erwartenden Widerstand der anderen und wagt sich nicht erst hervor, und so bleibt der verfassungsmäßige Zustand sicher erhalten". (a.a.O. VI, 18 a. E.).

[118] *Cicero*, De re publica, Buch 1, Kap. 45 (69).

[119] *Machiavelli*, Discorsi, Buch 1, Kap. 2 (S. 12).

[120] *Aristoteles*, Politik, Buch 4, 14. Ähnlich im 14. Jahrhundert *Marsilius von Padua*, Defensor pacis, Teil 1, Kap. XV, §§ 4 ff. (S. 161 ff.).

[121] *Locke*, Two Treatises of Civil Government, Buch 2, §§ 132 ff., insbes. 143 ff.

[122] *Bolingbroke*, A Dissertation on Parties, Kap. IX ff., in: The Works, Bd. 2 S. 116 ff., insbes. 176. *Bolingbroke* sieht wie die antiken Vertreter der Gewaltenteilungslehre und in gewissem Umfang noch *Montesquieu* eine Gliederung der Staatsmacht in ein monarchisches, ein aristokratisches und ein demokratisches Element als bestes Mittel der Freiheitssicherung an, weil sich alle drei Gewalten so gegenseitig kontrollieren. Für England wird diese Dreiteilung nach seiner Auffassung durch Krone, Oberhaus und Unterhaus repräsentiert (a.a.O., S. 176 und fortlaufend).

[123] *Montesquieu*, De l'esprit des lois, 1. XI, c. 6. Vgl. weiter a.a.O. 1. V, c. 14 a. E. und 1. XI, c. 4.

[124] Vgl. *Hesse*, Verfassungsrecht, S. 179 f.

[125] Das Grundgesetz kennt daneben weitere gewaltenteilende Elemente, die sich etwa aus dem föderativen Aufbau der Bundesrepublik oder aus dem parlamentarischen Gegensatz von Regierung und Opposition ergeben. Diese Gesichtspunkte bleiben im folgenden außer Betracht (vgl. hierzu etwa *Werner Weber*, HDSW Bd. 4, S. 500 f.; *Sternberger*, Parlamentarismus, S. 325, 335 ff.), da sie für die hier fragliche Abgrenzung der Bereiche von Legislative und Exekutive keine Bedeutung besitzen.

über den Rahmen der Zulässigkeit von verordnungssubsidiären Gesetzen ist keiner dieser Vorschriften direkt zu entnehmen. Sie läßt sich im Grundgesetz daher höchstens mittelbar finden.

Aus Art. 20 Abs. 2 Satz 2 ergibt sich der Gewaltenteilungsgrundsatz als solcher. Die Staatsgewalt wird hiernach durch besondere Organe der Gesetzgebung, der vollziehenden Gewalt und der Rechtsprechung ausgeübt. Dabei entsteht wegen des Ausdrucks „besondere Organe" kein Zweifel, daß hiermit der parlamentarische Gesetzgeber, die Verwaltung einschließlich der Regierung und die Gerichte gemeint sind. Dadurch wird eine organisatorische Vermengung dieser Träger der Staatsgewalt ausgeschlossen[126]. Weniger klar ist dagegen, welche Aufgaben Art. 20 Abs. 2 Satz 2 GG den drei so organisatorisch getrennten Gewalten zuweist, was also materiell zum Bereich der gesetzgebenden, vollziehenden und rechtsprechenden Gewalt zählt.

Obwohl Art. 20 Abs. 2 Satz 2 keine ausdrückliche Modifikation enthält, geht das Grundgesetz unbestrittenermaßen nicht von einer absoluten, das heißt strikt funktionalen Gewaltenteilung im Sinne einer Zuweisung aller Aufgaben von Gesetzgebung, Rechtsanwendung und Streitentscheidung auf die entsprechenden Hoheitsträger aus. Das folgt nicht nur aus Art. 80 Abs. 1 GG und ähnlichen Vorschriften, die „Ausnahmefälle" von einem so verstandenen Gewaltenteilungsprinzip normieren[127], sondern auch aus dem historischen Gesamtzusammenhang, in dem das Grundgesetz steht. Seit jeder gab es zahlreiche funktionale Gewaltenverschränkungen, die nicht sämtlich durch das Grundgesetz beseitigt werden sollten. Es sei nur an die materielle Verwaltungstätigkeit der Justiz im Rahmen der freiwilligen Gerichtsbarkeit erinnert. Dem Grundgesetz liegt vielmehr ein Gewaltenteilungsmodell zugrunde, bei dem — wie es das Bundesverfassungsgericht ausdrückt[128] — die drei Gewalten nicht scharf voneinander getrennt werden, sondern sich gegenseitig kontrollieren und begrenzen. Die positivistisch-funktionale Abgrenzung der Gewalten durch die spätkonstitutionelle Doktrin ist durch ein System der „checks and balances" zur Mäßigung der Staatsmacht und zum Schutz der individuellen Freiheit ersetzt[129].

Dieses Ergebnis kann man heute, trotz aller Unterschiede im rechtstheoretischen Verständnis des Gewaltenteilungsprinzips[130] als gesichert

---

[126] Vgl. BVerfGE 4, 331 (346) — 18, 241 (254); *Hoffmann*, Rechtsfragen der Währungsparität, S. 41.
[127] Etwa Art. 59 Abs. 2 S. 1; 110 Abs. 2 S. 1; 113; 115. Weitere Beispiele bei *v. Mangoldt-Klein*, Art. 80, Anm. V 5 b (S. 599).
[128] BVerfGE 3, 225 (247) — 7, 183 (188) — 9, 268 (279 f.), st. Rspr.
[129] Unstr., vgl. *Scheuner*, Festschr. f. *Smend*, S. 253 (267).
[130] Die Literatur zur Gewaltenteilung ist nahezu unübersehbar. Wegen des älteren Schrifttums vgl. die ausführl. Nachweise bei *v. Mangoldt-Klein*,

II. Schranken auf Grund des Gewaltenteilungsprinzips

betrachten. Ebenso einig ist man sich darin, daß die Grenzen für ein Tätigwerden der einen Gewalt im Funktionsbereich der anderen dort liegen, wo der Wesensgehalt des Gewaltenteilungsprinzips angetastet und in den Kernbereich der anderen Gewalt eingegriffen würde[131]. Es fehlt bisher jedoch noch weitgehend an Versuchen, diesen Kernbereich im einzelnen zu bestimmen.

Das Bundesverfassungsgericht deutet an, wo es im vorliegenden Zusammenhang die Grenze sieht: da wo der Gesetzgeber Vorschriften von solcher Bedeutung und in solchem Umfang für subsidiär erklärt, daß sich dadurch innerhalb des Staatsgefüges eine Gewichtsverschiebung zwischen gesetzgebender Gewalt und Verwaltung ergibt[132]. Auch das ist sehr allgemein, und eine scharfe Grenze wird sich vielleicht kaum jemals angeben lassen. Es muß aber doch nach engeren Kriterien gesucht werden, die im Einzelfall die Entscheidung erleichtern und damit die Frage beantworten helfen, ob jeweils der Kernbereich der Gesetzgebung tangiert ist oder nicht[133].

Art. 20, Lit. zu Anm. 5 b, S. 586. Zu den unterschiedlichen neueren Versuchen einer Abgrenzung zwischen den Bereichen von Parlament und Regierung vgl. *Hesse*, Verfassungsrecht, S. 178 ff.; *Werner Weber*, HDSW, Bd. 4 S. 497 ff. und *Ossenbühl*, Verwaltungsvorschriften, S. 200 ff., alle m. w. Nachw. — In der Politikwissenschaft wird die Brauchbarkeit des Gewaltenteilungsgedankens teilweise ganz in Abrede gestellt (vgl. *Loewenstein*, Verfassungslehre, S. 31 ff.). Für das Grundgesetz sind derartig weitgehende Überlegungen aber wegen Art. 20 Abs. 2 GG nicht möglich. Die Gewaltenteilung ist hier positivrechtlich normiert, es kann sich deshalb nur die Frage nach ihrer näheren Ausgestaltung ergeben.

[131] BVerfGE 9, 268 (279 f.); BVerwGE 7, 294 (295); BGH, Gutachten vom 6. 9. 1953 zur Gleichberechtigung von Mann und Frau, BGHZ 11, Anhang S. 34 (50); *v. Mangoldt-Klein*, Art. 20 Anm. V 5 b (S. 599); *Maunz* in *Maunz-Dürig*, Art. 20, Rdnr. 81; *H. J. Wolff*, Verwaltungsrecht I, § 16 II c; *Hahn*, JöR n.F. 14, 15 (30); *Ehmke*, Wirtschaft und Verfassung, S. 77; *Wernicke* in BK, Art. 20, Anm. II 2 g; *Küster*, AöR 75, 397 (412); *Laidig*, Gesetzesvertretende Verordnungen, S. 63; ebenso bereits *Kägi*, Gewaltenteilungsprinzip, S. 164. — Soweit ersichtlich erkennt nur *Hoffmann*, Rechtsfragen der Währungsparität, S. 43 f., die Kernbereichslehre nicht an, sondern will allein auf die positiv im Grundgesetz normierten Kompetenzzuweisungen abstellen. Dabei übersieht er, daß die Gewaltenteilung über Art. 20 von Art. 79 Abs. 3 GG erfaßt wird. Damit ergibt sich auch für den Verfassungsgesetzgeber ein unantastbarer Kernbereich der Gewalten. Ähnlich wie *Hoffmann* noch *Leisner*, DÖV 69, 405 (407 ff.), der dem Gewaltenteilungsgrundsatz — zumindest in der gegenwärtigen Epoche des deutschen Staatsrechts — keinen Rechtsnormcharakter beimißt (a.a.O., S. 409 ff., insbes. 411).

[132] BVerfGE 8, 155 (171); ähnlich *Ehmke*, Wirtschaft und Verfassung, S. 77 f. und *Laidig*, Gesetzesvertretende Verordnungen, S. 100 ff. (102 ff.), die — freilich ohne nähere Begründung — delegierte Rechtsetzung auf Materien von untergeordneter Bedeutung beschränken.

[133] Die sich hierbei ergebenden Schwierigkeiten erspart man sich, wenn man verordnungssubsidiäre Gesetze generell als rechtliche Gestaltungsmöglichkeit ausschließt. Doch ist dies ein allzu bequemer Weg, der außerdem nur beschritten werden kann, wenn man entweder die gesamte entgegenstehende Ermächtigungspraxis für verfassungswidrig erklärt oder sie schlicht

Eingehendere Überlegungen zur Bestimmung des Kernbereichs der Gewalten finden sich — soweit ersichtlich — nur in einem neueren Aufsatz von *Leisner*[133a]. Dieser prüft, ob der „Kern" einer Gewalt im jeweiligen Dezisionsvorgang liegt (z. B. im Gesetzesbeschluß des Parlaments), während bloße Vorbereitungsmaßnahmen (z. B. die Gesetzesausarbeitung und -beratung) zur Randzone gehören. *Leisner* lehnt eine solche Abgrenzung ab, im Ergebnis zu Recht, da sich die materielle Frage der Gewichtsverteilung zwischen den Gewalten nicht mit Hilfe eines ausschließlich formellen Kriteriums beantworten läßt.

Sehr viel näher liegt es dagegen, den Kernbereich der Gewalten materiell, d. h. nach dem Inhalt der zu erledigenden staatlichen Aufgaben zu bestimmen. Die Möglichkeit einer solchen Abgrenzung wird auch von *Leisner* erwähnt. *Leisner* untersucht sie aber nicht näher, sondern verwirft sie mit dem Hinweis auf den heterogenen Charakter der Kompetenzen von Legislative, Exekutive und Judikative.

Letzteres erscheint nicht überzeugend. Der materiell definierte Kernbereich einer Gewalt braucht nicht, wie *Leisner* anzunehmen scheint, aus einer bestimmten Kompetenz oder Kompetenzgruppe als solcher zu bestehen. Es lassen sich auch andere Abgrenzungstopoi heranziehen, etwa die vom Bundesverfassungsgericht genannten Qualitäts- und Quantitätsgesichtspunkte, die Gegenstände aus allen Zuständigkeitsbereichen einer Gewalt einschließen können. Hiervon ganz abgesehen ist auch zu fragen, ob die Kompetenzzuweisungen des Grundgesetzes wirklich so heterogen sind, oder ob sie nicht doch auf mehr oder weniger konsequenten Überlegungen beruhen, die auch bei der Ermittlung des Kernbereichs der Gewalten berücksichtigt werden müssen. Schließlich läßt *Leisner* andere zentrale Bezugspunkte außer Betracht. Dazu gehört etwa das mit der Gewaltenteilung eng verbundene Rechtsstaatsprinzip, der Demokratiegedanke sowie der historische Konnex, in dem das Grundgesetz steht. Alles das wird im folgenden näherer Überlegung bedürfen.

2. Der Begriff der „gesetzgebenden Gewalt"

Eine Aussage über den „Kernbereich" der gesetzgebenden Gewalt, in dem keine Delegation und deshalb auch keine Subsidiarität von Gesetzen hinter Verordnungen zulässig ist, kann nicht gemacht werden, ohne daß man untersucht, was das Grundgesetz überhaupt unter „gesetzgebender Gewalt" und „Gesetzgebung" versteht.

---

ignoriert, wie es die Kritiker des Bundesverfassungsgerichts (vgl. oben Fußn. 72) tun.

[133a] *Leisner*, DÖV 69, 405 (407 ff.).

II. Schranken auf Grund des Gewaltenteilungsprinzips

a) Historischer Wortsinn und Materialien zum Grundgesetz

Man ist heute geneigt, diese Begriffe ohne weiteres mit „Rechtsetzung" und „rechtsetzender Gewalt" zu identifizieren[134]. Dies wird selten expressis verbis gesagt. Die Identifikation zeigt sich aber meist mittelbar, etwa in der Bezeichnung der delegierten Rechtsetzung als einer Durchbrechung des Gewaltenteilungsprinzips[135]. Das geht auf die seit langem kaum noch angefochtene[136] Lehre des staatsrechtlichen Positivismus[137], insbesondere *Labands*[138], zurück, nach der jede Rechtsnorm[139] ein materielles Gesetz darstellt[140]. Für *Thoma* etwa war die Gleichbedeutung von Gesetz und Rechtssatz geradezu ein Axiom der „preußischen Juristen"[141]. Dieses Axiom hat zwar — selbst wenn man

---

[134] Vgl. etwa *Zippelius*, Allg. Staatslehre, § 22 II (S. 131); *Carl Schmitt*, Verfassungslehre, S. 151 f.; weitere Nachweise bei *Sturmhöfel*, Das Verordnungsrecht im Gewaltenteilungssystem des Grundgesetzes, S. 6 Fußn. 2.

[135] *H. J. Wolff*, Verwaltungsrecht I, § 16 II c; *Forsthoff*, Verwaltungsrecht, § 7 (S. 130). Teilweise wird die delegierte Rechtsetzung ausdrücklich als Teil der Gesetzgebung i. S. v. Art. 20 Abs. 2 S. 2 GG bezeichnet, etwa bei *v. Mangoldt-Klein*, Art. 20, Anm. VI 4 a; für Art. 20 Abs. 3 ebenso *Wernicke* in BK, Art. 20 Anm. II 3 a.

[136] Die kritischen Stellungnahmen von *Haenel*, Das Gesetz im formellen und materiellen Sinne, S. 99 ff., *Erich Kaufmann*, in *Stengel-Fleischmann*, Bd. 3, 688 (695 f.) § 7 f. und *Hermann Heller*, VVdStRL 4, 98 (107 ff.) blieben weitgehend ohne praktischen Einfluß.

[137] Vgl. etwa *Thoma*, HDStR Bd. 2, S. 116 f.; *Hatschek*, Dt. u. preuß. Staatsrecht, Bd. 2 S. 3 f.

[138] *Laband* hat die Lehre vom materiellen Gesetzesbegriff nicht selbst begründet, er hat ihr aber zum Durchbruch verholfen und wird deshalb nicht zu Unrecht oft als ihr Ahnherr bezeichnet. Entscheidend war seine durch den preußischen Verfassungskonflikt von 1860—1866 ausgelöste Schrift über das Budgetrecht (vgl. dort S. 3 ff., weiter *Laband*, Staatsrecht, Bd. 2, S. 61 ff., 87). Zu den Vorläufern *Labands* vgl. die ausführliche Darstellung bei *Kopp*, Inhalt und Form der Gesetze, S. 12 ff.

[139] Die positivistische Doktrin hat den Begriff der Rechtsnorm höchst unterschiedlich definiert. Während *Laband* sich einer solchen Bestimmung gänzlich enthielt, sah *Anschütz* als Rechtsnormen die in Freiheit und Eigentum eingreifenden staatlichen Regelungen an. *Georg Jellinek* stellt auf das Moment der sozialen Schrankenziehung ab. Gemeinsam war allen diesen Bestimmungen des Rechtssatzbegriffs die später fallengelassene Forderung nach Allgemeinheit der Vorschrift. Vgl. *Anschütz* in *Meyer-Anschütz*, Lehrb. d. dt. Staatsrechts, S. 657; *Georg Jellinek*, Gesetz und Verordnung, S. 240, 242; *Thoma*, HDStR, Bd. 2, S. 124 f., 222 f. Zur neueren Diskussion um den Rechtssatzbegriff vgl. *Herbert Krüger*, Allg. Staatslehre, S. 718 ff.; *Ossenbühl*, Verwaltungsvorschriften, S. 120 ff., 154 ff.; *E. W. Böckenförde*, Organisationsgewalt, S. 70 ff.; *Jesch*, Gesetz und Verwaltung, S. 24; *H. J. Wolff*, Verwaltungsrecht I, § 24 II c; *Forsthoff*, Verwaltungsrecht, § 7 A 2 (S.. 126 ff.).

[140] Diese Doktrin hat den Wortlaut zahlreicher Gesetze beeinflußt. Am bekanntesten ist Art. 2 EGBGB. Dort heißt es: „Gesetz im Sinne des Bürgerlichen Gesetzbuchs und dieses Gesetzes ist jede Rechtsnorm." Entsprechende Vorschriften finden sich schon in den Einführungsgesetzen zu mehreren der Reichsjustizgesetze von 1877, etwa in Art. 12 EGZPO, 7 EGStPO und 2 EGKO

[141] *Thoma*, Festgabe für *Otto Mayer*, S. 165 (212 f.). Selbst *Otto v. Gierke*, der neben *Haenel* bedeutendste Kritiker *Labands*, hat *Labands* dualistischen

es akzeptiert — nicht zur Folge, daß eine systematische Scheidung der Bereiche des parlamentarischen Gesetzgebers und der Exekutive auf dem Gebiet der Rechtsetzung gegenstandslos würde. Auch die positivistische Doktrin tastet ja das Institut der delegierten Rechtsetzung nicht an. Eine Grenzziehung zwischen delegierter und parlamentarischer Gesetzgebung bleibt daher nötig. Die Annahme der Gleichbedeutung von „Rechtssatz" und materiellem „Gesetz" führte aber dazu, daß es von nun an allgemein üblich wurde, die gesamte Rechtsetzung als Prärogative der gesetzgebenden Gewalt, das heißt des parlamentarischen Gesetzgebers zu betrachten.

Damit lagen die Grenzen für die Rechtsetzungsbefugnisse der Exekutive scheinbar ganz klar zu Tage: Die Exekutive darf überhaupt keine Rechtsnormen erlassen, sofern sie nicht vom Parlament im Einzelfall durch förmliches Gesetz die Befugnis dazu übertragen erhält[142]. Mit dieser formalen Abgrenzung gab man sich zufrieden, und nachdem das Verhältnis von formellem Gesetzgeber und Verordnungsgeber so endgültig geklärt zu sein schien, hat sich die Diskussion um den Gesetzesbegriff fast ganz auf die im vorliegenden Zusammenhang irrelevante Frage nach der Definition des materiellen Gesetzes qua Rechtssatz verlagert.

Die offengebliebene Problematik etwaiger Schranken delegierter Rechtsetzung wurde mit dem Überhandnehmen des Verordnungsrechts in der Weimarer Zeit zwar wieder empfunden[143]. Auch jetzt hielt man jedoch daran fest, daß über das Ob einer Delegation grundsätzlich das freie Belieben der Legislative entscheide[144] und versuchte nur, an Ausmaß und Bestimmtheit der Ermächtigungen gewisse Mindestanforderungen zu stellen[145]. Eine Begrenzung der delegierten Rechtsetzung über diese — wieder nur formalen — Gesichtspunkte hinaus, etwa nach dem zu regelnden Stoff, wird dagegen im allgemeinen ebensowenig erwogen wie man die Prärogative des Parlaments für die gesamte Rechtsetzung bezweifelt[146].

Gesetzesbegriff übernommen. Vgl. *Otto v. Gierke,* Labands Staatsrecht und die deutsche Rechtswissenschaft, S. 13.

[142] Vgl. die oben Fußn. 11 Genannten.

[143] Vgl. *Triepel,* Verh. des 32. dt. Juristentags, S. 11 (19 ff. und 31 ff.); *Poetzsch,* ebenda, S. 35 ff.; *Jacobi,* HDStR, Bd. 2, S. 239 f.

[144] Vgl. etwa *Erich Kaufmann,* in *Stengel-Fleischmann,* Bd. 3, 688 (696), § 7 I und § 8 II Abs. 2; *Thoma,* Zeitschr.f.bad.Verw.u.Verw.Rechtspfl., 1906, 81 (83 f.). Weitere Angaben bei *Triepel,* a.a.O. (Fußn. 143).

[145] *Triepel,* a.a.O. (Fußn. 143), S. 11 (24 ff.); *Thoma,* HDStR, Bd. 2 S. 227; *Jacobi,* ebenda, S. 242; *Poetzsch,* a.a.O. (Fußn. 143), S. 35 (37 ff.).

[146] Nur bei *Triepel* klingt eine deutliche Tendenz zur materiellen Abgrenzung des Bereichs von Gesetzes- und Verordnungsrecht an, wenn er das zulässige Ausmaß einer Ermächtigung unter anderem auch nach der praktischen Bedeutung der zu regelnden Materie bestimmt. Vgl. *Triepel,* a.a.O. (Fußn. 143), S. 11 (25); ders., Delegation und Mandat, S. 115 f.

II. Schranken auf Grund des Gewaltenteilungsprinzips 47

Auch im parlamentarischen Rat tauchen diese Fragen nicht auf. Im Grundgesetz finden sich dementsprechend nur die in Art. 80 Abs. 1 Satz 2 festgelegten, dem Wortlaut nach formellen Grenzen. Damit blieb die aus der positivistischen Doktrin abgeleitete primäre Zuweisung der gesamten Rechtsetzung an die parlamentarische Legislative bis zum Inkrafttreten des Grundgesetzes nahezu unbestritten. Es kann aber durchaus die Frage gestellt werden, ob diese Vorstellung dem Gewaltenteilungsprinzip des Grundgesetzes gerecht wird.

Die positivistische Identifikation von „Gesetzgebung" und „Rechtsetzung" beruht keineswegs auf einer ungebrochenen Tradition des deutschen oder europäischen Staatsrechts[147]. Seit Aufkommen der Gewaltenteilungsidee im 18. Jahrhundert gelangten im wesentlichen nur einige von *Rousseau*[148] beeinflußte Autoren zu ähnlichen Ergebnissen wie die spätere positivistische Doktrin. Zu ihnen gehört *Kant*, nach dessen Metaphysik der Sitten alles Recht von der gesetzgebenden Gewalt — dem vereinigten Willen des Volkes[149] — ausgeht[150]. Weiter sind hier Vertreter des liberalen Staatsideals zu nennen, denen die Ausdehnung des Gesetzesbegriffs dazu diente, die Mitwirkungsrechte der Volksvertretungen möglichst weit zu umgrenzen[151].

Im übrigen wurde der Begriff des Gesetzes und der gesetzgebenden Gewalt meist sehr viel enger bestimmt[152]. Bei aller Unterschiedlichkeit der zugrundegelegten staatsphilosophischen Systeme tendierte man hierbei im Ergebnis mehr oder weniger dazu, als Gesetze nur solche Rechtsnormen zu bezeichnen, die abstrakt und dauerhaft bedeutsame Angelegenheiten des Gemeinwesens regeln und die in das Rechtsempfinden der Bürger eingehen sollen. Nur soweit reichte auch der Bezirk der Legislative. Die rechtliche Regelung der zeitbedingten Bedürfnisse des Lebens durch Verordnung oder Verwaltungsakt blieb dagegen der Exekutive als eigenständige Aufgabe überlassen.

---

[147] Im folgenden werden nur solche Definitionen des Gesetzes berücksichtigt, die eine Aussage über das Verhältnis von Legislative und Exekutive auf dem Gebiet der Rechtsetzung enthalten. Gesetzesbegriffe, die sich allein mit Geltungsgrund oder Natur des Rechts schlechthin befassen, wie der von *Hobbes*, bleiben hier außer Ansatz.

[148] Für *Rousseau* umfaßt die allein beim Volk liegende gesetzgebende Gewalt alle allgemeinen Regelungen. Die Exekutive ist auf die Anwendung dieser Regeln in konkreten Fällen beschränkt, ihr steht deshalb weder ein Verordnungsrecht zu, noch darf es ihr delegiert werden. Vgl. *Rousseau*, Contrat social, 1. 2 c. VI (S. 36 ff.) und 1. 3 c. I (S. 59), weiter 1. 2 c. II (S. 25 f.).

[149] *Kant*, Metaphysik der Sitten, Teil 1, § 46, (Ausgabe Vorländer S. 136).

[150] *Kant*, a.a.O. (Fußn. 149), § 49 (S. 139 f.). Zu *Kants* Gesetzesbegriff vgl. *Konrad Huber*, Maßnahmegesetz und Rechtsgesetz, S. 133 ff.

[151] Vgl. hierzu E. W. *Böckenförde*, Gesetz und gesetzgebende Gewalt, S. 179 ff.

[152] Eine ausführliche Darstellung bisher vertretener oder denkbarer Gesetzesbegriffe gibt *Kopp*, Inhalt und Form der Gesetze, S. 347 ff.

F. Inhaltliche Grenzen

Diese Auffassung findet sich andeutungsweise bereits bei *Locke*, wenngleich nicht in Form einer ausdrücklichen Definition. *Locke* betont den für Gesetze nach seiner Ansicht wichtigen Gesichtspunkt der Dauerhaftigkeit[153]. Eine deutliche herrschende Meinung in diesem Sinne gab es um die Mitte des 18. Jahrhunderts freilich noch nirgends in Europa. *Montesquieu* etwa bleibt bei einer sehr allgemein gehaltenen, mehr philosophischen als spezifisch juristischen Bestimmung: „les lois ... sont les rapports nécessaires, qui dérivent de la nature des choses[154]."

Der Verfassungsentwurf der Girondisten von 1793[155] griff dann auf *Lockes* Ideen zurück. In Titel VII Sektion II Artikel 4 heißt es:

„Les caractères qui distinguent les lois sont leur généralité et leur durée indéfinie; les caractères qui distinguent les décrets, sont leur application locale ou particulière, et la nécessité de leur renouvellement à une époque déterminée."

Die deutsche Staatsrechtslehre des ausgehenden 18. Jahrhunderts beruhte demgegenüber noch ganz auf dem ständischen Gesetzesbegriff, der die gesetzgebende Gewalt weniger als Staatsfunktion, sondern eher als Summe von enumerativ beschränkten Hoheitsrechten verstand[156]. Sie fordert für Gesetze aber neben Abstraktheit und Allgemeinheit ein auf die Bedeutung der Materie zielendes inhaltliches Moment: die Geltung im ganzen Herrschaftsbereich des Gesetzgebers[157]. Auch das Kriterium der Dauerhaftigkeit klingt bereits an[158].

Mit der Überwindung des ständischen Gesetzesbegriffs und dem Vordringen des Gewaltenteilungsgedankens seit Beginn des 19. Jahrhunderts verstärkt sich diese Tendenz. *Hegel* betont in seiner 1821 erschienenen Rechtsphilosophie, daß nur das dem Inhalt nach ganz Allgemeine Gegenstand der Gesetzgebung sei, während die Regelung des Besonderen sowie die Art und Weise der Exekution in den Bereich

---

[153] *Locke*, Two Treatises of Civil Government, Buch 2, § 131: "And so, whoever has the legislative or supreme power of any commonwealth, is bound to govern by established standing laws, promulgated and known to the people, and not by extemporary decrees ..." Ebenso a.a.O., §§ 136 und 144.

[154] *Montesquieu*, De l'esprit des lois, 1. I. c. 1. An anderer Stelle erwähnt allerdings auch *Montesquieu* den Gesichtspunkt der Dauer, indem er geltend macht, daß die Ausführung der Gesetze auf Augenblicksangelegenheiten gerichtet sei und dadurch schon von Natur aus ihre Grenze finde (a.a.O., 1. XI c. 6 Abs. 44).

[155] Sog. Constitution Girondine vom 15. 2. 1793, abgedruckt bei *Duguit*, S. 33 ff.

[156] Vgl. hierzu *E. W. Böckenförde*, Gesetz und gesetzgebende Gewalt, S. 53 ff., insbes. 63 f.

[157] Vgl. *Moser*, Von der Landeshoheit in Regierungssachen, S. 192, 303; *Haeberlin*, Handbuch des teutschen Staatsrechts, Bd. 2, S. 164.

[158] Vgl. *Pütter*, Institutiones iuris publici germanici, § 215 (S. 200).

II. Schranken auf Grund des Gewaltenteilungsprinzips

der Regierung falle[159]. *Heinrich Zoepfl*, einer der führenden Staatsrechtslehrer der Mitte des 19. Jahrhunderts, drückt das konkreter aus: Gesetze haben nach Inhalt und Zweck die Bestimmung, allgemeine Regeln im Sinne des Grundsätzlichen und Dauernden aufzustellen. Die Regierung ordnet demgegenüber durch Verordnung das „seiner Natur nach Veränderliche" in einer „den gegenwärtigen Zeitumständen und Verkehrsverhältnissen entsprechenden Weise"[160]. Das bleibt bis zum Aufkommen des staatsrechtlichen Positivismus bei allen Differenzierungen im einzelnen der Kern der üblichen Abgrenzung. Mehr oder weniger ausdrücklich hängen ihr *Lorenz v. Stein*, *Gneist* und der späte *v. Mohl* ebenso an wie *Bluntschli* und *Gerber*[161].

In diese Tendenz zur materiellen Abgrenzung von Gesetzgebung und Rechtsetzung, die sich ergibt, wenn man die Meinungen bis zum Aufkommen der positivistischen Lehre betrachtet, fügt sich lediglich eine Sonderentwicklung nicht ohne weiteres ein. Das ist die auf die Verfassungskämpfe zu Beginn des 19. Jahrhunderts zurückgehende[162] Freiheits- und Eigentums-Doktrin, nach der der Gesetzesbegriff essential durch den Eingriff in die genannten Rechte bestimmt wurde. Diese Lehre läßt sich allein von ihrem politischen Zweck her verstehen. Sie orientierte sich ganz an dem Bestreben, staatliche Eingriffe in die für das Bürgertum konstitutiven Rechte auf Freiheit und Eigentum zu begrenzen. Das geschah, indem man diese Positionen der ausschließlichen Regelung durch Gesetze, das heißt durch die weitgehend vom Bürgertum beherrschte Volks- oder Ständevertretung unterwarf und sie damit der Rechtsmacht der — landesherrlichen — Exekutive entzog[163].

Die rechtsstaatliche Forderung nach einer gesetzlichen Grundlage für Eingriffe in Freiheit und Eigentum hatte sich so zur Definition des Gesetzes entwickelt. Das entsprach freilich nicht dem ursprünglichen Anliegen der Freiheits- und Eigentumsklausel, die nur eine Kompetenzsicherung, nicht aber eine darüber hinausgehende allgemeine Grenzziehung zwischen Legislative und Exekutive bezweckte[164]. Das ergibt sich sowohl aus dem Schrifttum der konstitutionalistischen Zeit[165] wie

---

[159] *Hegel*, Grundlinien der Philosophie des Rechts, § 299 (S. 405).
[160] *Zoepfl*, Staatsrecht, Bd. 2, § 439 (S. 518 ff., insbes. 523).
[161] Vgl. *v. Stein*, Verwaltungslehre, Bd. 1, Allg. Teil, S. 73 ff.; *Gneist*, Rechtsstaat, S. 167; *v. Mohl*, Enzyklopädie der Staatswissenschaften, S. 145 f.; *Bluntschli*, Staatswörterbuch, Bd. 10, S. 776 ff. (Artikel Verordnung); *Gerber*, Grundz. des dt. Staatsrechts, S. 147 Fußn. 3.
[162] Vgl. hierzu *E. W. Böckenförde*, Gesetz und gesetzgebende Gewalt, S. 73 ff. mit zahlr. Nachw.
[163] Vgl. *Carl Schmitt*, Verfassungslehre, S. 148 ff.
[164] So mit Recht *E. W. Böckenförde*, Gesetz und gesetzgebende Gewalt, S. 73 ff. (75) und *Scheuner*, Festschr. f. *Smend*, S. 253 (263, Fußn. 26).
[165] Etwa *Zachariä*, Deutsches Staats- und Bundesrecht, Bd. 2, § 158 I B 2 (S. 158); *Zoepfel*, Staatsrecht, Bd. 2, § 390 I 1 II (S. 368).

aus allen Verfassungsvorschriften, welche die Freiheits- und Eigentumsformel verwenden. Sie diente immer nur dazu, einen *Teil* der Gesetzgebung von der Zustimmung der Stände abhängig zu machen[166].

Erst die Staatsrechtslehre des späten Konstitutionalismus verstand die Formel nicht mehr als Zuständigkeitsregelung, sondern als Definition des Gesetzesbegriffs[167]. Nachdem die Notwendigkeit einer Ermächtigung für Rechtsverordnungen anerkannt war, dehnte man die Freiheits- und Eigentumsklausel dann sogar auf alle Rechtsnormen aus. Sie war zur Definition des Rechtssatzes schlechthin geworden und wurde von der positivistischen Doktrin auch teilweise als solche zugrunde gelegt. So ist es nach *Gerhard Anschütz* „Eigenschaft eines jeden Gesetzes im materiellen Sinne, jeder Rechtsnorm, daß sie der Freiheit der Willensbildung im allgemeinen und der Eigentumsfreiheit im besonderen Maß und Schranken setzt"[168].

Mit ihrer Okkupation durch die positivistische Doktrin und der Heranziehung zur Definition des Rechtssatzbegriffs hatte die Freiheits- und Eigentumsformel jede Eignung zur Abgrenzung von Gesetz und Rechtssatz und damit auch von gesetzgebender Gewalt und Rechtsetzung verloren. Auch vorher besaß sie aber infolge ihrer fehlenden systematischen und ihrer ausschließlich politischen Grundlage insoweit nur eine höchst temporäre Bedeutung. Sie kann daher heute ganz außer Berücksichtigung bleiben.

Nach dem fast absoluten Sieg der positivistischen Lehre knüpfte *Hermann Heller*, einer ihrer wenigen Kritiker[169], in den späten zwanziger Jahren wieder an das frühere Gedankengut an. Er beschränkte die Gesetzgebung auf die „obersten von der Volkslegislative gesetzten Rechtsnormen", die alle andere Staatstätigkeit determinieren[170]. Neben *Heller* kann weiter *Heinrich Triepel* genannt werden, der bei seiner Suche nach den Grenzen einer Übertragung von Rechtsetzungsbefug-

---

[166] Vgl. Titel VII § 2 der bayerischen Verfassung vom 26. 5. 1818 (abgedruckt bei *Poelitz*, S. 142): „Ohne den Beirat und die Zustimmung der Stände des Königreichs kann kein allgemeines neues Gesetz, welches die Freiheit der Personen oder das Eigentum der Staatsangehörigen betrifft, erlassen, noch ein schon bestehendes abgeändert, authentisch erläutert oder aufgehoben werden." — Weitere Nachweise bei *E. W. Böckenförde*, Gesetz und gesetzgebende Gewalt, S. 73 ff.

[167] *v. Seydel*, Bayerisches Staatsrecht, Bd. 1, S. 845; *Georg Meyer*, Deutsches Staatsrecht, S. 492 Fußn. 6.

[168] *Anschütz*, Die gegenwärtigen Theorien über den Begriff der gesetzgebenden Gewalt, S. 169, vgl. auch ebenda, S. 128, 168; weiter *Anschütz* in *Meyer-Anschütz*, Staatsrecht, S. 657. Gegen diese Auffassung mit dem zutreffenden Hinweis auf gewährende Gesetzesvorschriften bereits *Thoma*, Zeitschr.f.bad.Verw.u.Verw.Rechtspfl., 1906, 81 (84 ff.).

[169] Vgl. oben Fußn. 136.

[170] *Heller*, VVdStRL 4, 98 (116, 118).

II. Schranken auf Grund des Gewaltenteilungsprinzips

nissen ebenfalls Wichtigkeitskriterien berücksichtigt[171]. Andere Bemühungen um eine inhaltlich-materielle Abgrenzung von Gesetzen und sonstigen Rechtsnormen sind in der Weimarer Zeit jedoch nicht ersichtlich.

Insbesondere ergab sich eine solche Tendenz nicht aus der von der Stufenlehre *Merkls*[172] stark geprägten[173] Reinen Rechtslehre *Kelsens*. Diese hält zwar, anders als die positivistische Doktrin, an der Scheidung von Gesetzgebung und Rechtsetzung fest[174], trennt aber nach formellen Elementen. Der Grund für das Ablehnen einer Identifikation von Gesetzgebung und Rechtsetzung liegt bei *Kelsen* nicht, wie bei der vorpositivistischen Lehre, in einer gegenüber dem Rechtssatzbegriff restriktiven Interpretation des Gesetzesbegriffs. Sie folgt vielmehr, wie auch bei *Heller*[175], aus einer extensiven Sicht des Rechtssatzbegriffs, da für *Kelsen* Rechtsprechung und Rechtsanwendung gegenüber der abstrakten Normgebung kein aliud, sondern nur niedrigere Stufen des allgemeinen Rechtsetzungsprozesses bedeuten[176]. Ein Gleichsetzen von Gesetzgebung und Rechtsetzung ist unter diesen Prämissen nicht möglich. Damit steht allerdings die Art ihrer Abgrenzung nicht fest. Im Gegensatz zu *Heller*, der materielle Gesichtspunkte wählt und die Gesetzgebung den „obersten Rechtsnormen" reserviert[177], entscheidet *Kelsen* sich für das formelle Kriterium der Allgemeinheit, indem er nur generelle Rechtsnormen als Gesetze bezeichnet[178]. Auf Grund dieser Definition ist aber eine Abgrenzung des Bereichs von Gesetz und Verordnung nicht möglich.

Nach *Kelsen* und *Heller* war die Diskussion um das Verhältnis von Gesetzgebung und Rechtsetzung weitgehend verstummt. Die zu absoluter Herrschaft gelangte positivistische Doktrin hatte, wie oben ausgeführt ist[179], zur Folge, daß der hier liegende Konfliktstoff verdeckt wurde[180].

---

[171] Vgl. oben Fußn. 146.
[172] *Merkl*, Lehre von der Rechtskraft, S. 181 ff.
[173] Zum Einfluß der Stufenlehre *Merkls* auf *Kelsens* Reine Rechtslehre vgl. *Kopp*, Inhalt und Form der Gesetze, S. 120 ff.
[174] *Kelsen*, Allgem. Staatslehre, S. 231 f.
[175] *Heller*, VVdStRL 4, 98 (118 f.); vgl. hierzu den Diskussionsbeitrag von *Kelsen*, ebenda S. 168 (176 ff.).
[176] *Kelsen*, Allgem. Staatslehre, S. 232 ff. So jetzt auch *Roellecke*, Der Begriff des positiven Gesetzes und das Grundgesetz, S. 285.
[177] *Heller*, VVdStRL 4, 98 (118).
[178] *Kelsen*, Allgem. Staatslehre, S. 232.
[179] Vgl. oben F II 2 a.
[180] Die nationalsozialistische Lehre bleibt hier außer Betracht. Für sie stellte sich das Problem von Grenzen zwischen Gesetzgebung und Rechtsetzung nicht, da sie die Gewaltenteilungsidee ablehnte. Letzteres machte allerdings eine neue Unterscheidung zwischen Gesetz und Verordnung notwendig, die wegen der Identität der normgebenden Organe nur an inhalt-

F. Inhaltliche Grenzen

Erst nach Inkrafttreten des Grundgesetzes begannen sich wieder Ansätze zu einer differenzierteren Sicht des Verhältnisses von parlamentarischer[181] Gesetzgebung und Rechtsetzung zu zeigen. Sofern sie nicht eine prinzipielle rechtstheoretische Unterscheidung der Sphären des Gesetzgebers und der Exekutive überhaupt leugnen[182], gehen sie meist in die Richtung der konstitutionellen Doktrin, indem sie den originären Bereich parlamentarischer Gesetzgebung — so etwa *Jahrreiss* — auf Normen beschränken, die auf die Dauer bestimmt und dazu geeignet sind, ins Rechtsbewußtsein der Bevölkerung Eingang zu finden[183]. Dasselbe meint wohl auch *Dahm*, wenn er sagt, das Gesetz unterscheide sich von der Verordnung durch Bedeutung und Würde. Es sei in einem strengeren und eigentlicheren Sinne Rechtsgesetz, oder solle doch Ausdruck der Rechtsidee sein. Rechtsnormen, in denen sich die Idee der Gerechtigkeit näher ausspreche, bedürften deshalb der Form des Gesetzes, und im Grunde sei auch nur für Rechtsnormen dieser Art das Gesetz die richtige Form[184].

Hollerbach faßt unter dem Begriff der „Allgemeinheit" des Gesetzes ähnliche Postulate zusammen, es sind dies die Topoi des Grundlegenden und Richtungweisenden[185]. Auch *Konrad Hesse*[186] sieht den Bereich der Gesetzgebung in diesem Sinne als auf die Dauer angelegte Entscheidung grundsätzlicher Fragen des Gemeinwesens an. Ebenso wie für *Hollerbach* spielt für ihn dabei die demokratische Legitimation des parlamentarischen Gesetzgebers zu solchen Grundlagenentscheidungen und die dem formellen Gesetzgebungsverfahren eigene Publizität eine entscheidende Rolle.

---

lichen Kriterien ausgerichtet sein konnte. Das formelle Gesetz diente, wie bereits oben S. 11 f. erwähnt, jetzt als Rahmen für besonders wichtige Akte der Staatsleitung, d. h. Führerbefehle, denen man grundsätzliche Bedeutung für das Volksleben beimaß. Vgl. *Scheuner*, AöR 63, 261 (307 f.); *E. R. Huber*, Verfassungsrecht des Großdeutschen Reichs, S. 251 f.

[181] Für die hier interessierende Gewaltenabgrenzung kommt es allein auf den Bereich der parlamentarischen Gesetzgebung an. Die Grenze zwischen materieller Gesetzgebung und Rechtssatz, die *H. J. Wolff*, Verwaltungsrecht I, § 24 II c 2, zu bestimmen versucht, verläuft — sofern es sie gibt — im Innern des Bereichs der Exekutive und ist im vorliegenden Zusammenhang ohne Bedeutung.

[182] So *Vogel*, VVdStRL 24, 125 (156 ff., 175 f.).

[183] *Jahrreis*, Herrschaft nach dem Maß des Menschen, S. 24 f.; ebenso *Scheuner*, Übertragung, S. 138 ff., insbes. 141 ff.; *Peters*, Festschr. f. *Laforet*, S. 19 (23 ff.); *Hans Huber*, Festschr. f. *Giacometti*, S. 59 (74 f.); *Herbert Krüger*, DÖV 57, 686 ff. Im wesentlichen der gleichen Auffassung ist *Ehmke*, Wirtschaft und Verfassung, S. 75 f.

[184] *Dahm*, Deutsches Recht, S. 314.

[185] *Hollerbach*, Diskussionsbeitrag, VVdStRL 24, 232 (233).

[186] *Hesse*, Verfassungsrecht, S. 188 f. Ähnlich *Scheuner*, Übertragung, S. 118 (138 f.).

II. Schranken auf Grund des Gewaltenteilungsprinzips

Die Bestrebungen zu einer restriktiven Bestimmung des Bereichs der Legislative sind nicht auf Deutschland beschränkt. Für die *Schweiz* gelangen *Imboden* und *Hans Huber* zum gleichen Ergebnis. Nach *Imboden* ist dem Gesetz als wertmäßig allgemeingültiger und zeitlich dauerhafter Regel die Ausrichtung auf das Bedeutsame und Grundlegende eigen[187]. *Hans Huber* begrenzt das Gesetz auf das Grundlegende und Gerechte[188].

In *Frankreich* stellt sich die Frage nach dem Bereich der Gesetzgebung zwar heute nicht mehr. Sie ist in Art. 34 der Verfassung von 1958 kasuistisch gelöst. Schon eine oberflächliche Lektüre des dort enthaltenen Zuständigkeitskatalogs macht aber deutlich, daß für die Zuweisung der verschiedenen Materien zum Bereich der Gesetzgebung auch hier vor allem Wichtigkeitsgesichtspunkte maßgeblich waren[189].

Selbst in *England* schließlich, wo das Parlament auf Grund seiner „supremacy" nahezu unumschränkte Befugnisse besitzt[190], wird eine Reduktion der formellen Gesetzgebung auf grundsätzliche und wichtige Angelegenheiten als zweckmäßig empfunden. Denn: "The virtue of delegated legislation is not that it takes something from Parliament, but that it enables Parliament to do better the task for which it is fitted[191]."

Man könnte sich nun versucht fühlen, alle diese Tendenzen einer materiellen Aufteilung der Rechtsetzung zwischen Legislative und Exekutive mit dem Hinweis zu stützen, daß sie der frühkonstitutionellen Lehre und damit der herrschenden Ansicht zur Zeit des Aufkommens des Gewaltenteilungsgedankens als politischem Faktor entspreche, also diejenige im Sinne der ursprünglichen Gewaltenteilungslehre sei und deshalb auch dem Grundgesetz zugrunde gelegt werden müsse. Dazu haben aber — ganz abgesehen von sonstigen hiergegen sprechenden Gründen — die Ansichten auch vor der positivistischen Epoche zu sehr geschwankt. Es verdient nur festgehalten zu werden, daß die positivistische Auslegung lediglich eine von mehreren historischen Interpretatio-

---

[187] *Imboden*, Das Gesetz als Garantie rechtsstaatlicher Verwaltung, S. 39 ff.

[188] *Hans Huber*, Festschr. f. *Giacometti*, S. 59 (74 f.).

[189] Der parlamentarische Gesetzgeber ist nach Art. 34 u. a. zuständig für die Regelung der Bürger- und Freiheitsrechte, weiter Bereiche des bürgerlichen Rechts einschließlich des Arbeits- und Sozialrechts, aller Steuerangelegenheiten sowie des Staatshaushalts, Strafrechts, Staatsangehörigkeitsrechts, der Gerichtsverfassung und des sonstigen staatlichen Organisationsrechts. Dabei umfaßt die Kompetenz des Parlaments teilweise nur die Festlegung von „principes fondamentaux".

[190] Vgl. *Jennings*, The Law and the Constitution, S. 144 ff.

[191] *Mitchell*, Constitutional Law, S. 229; ähnlich *Harvey-Bather*, The British Constitution, S. 337 f. und bereits zu Beginn des Jahrhunderts *Dicey*, The Law of the Constitution, S. 52 f.

nen des Begriffs der Gesetzgebung bedeutet und deshalb nicht schon a priori auf Grund einer eindeutigen ideengeschichtlichen Entwicklung für die Auslegung des Art. 20 GG Geltung beanspruchen kann.

Für diese positivistische Deutung läßt sich allerdings — und das ist ein starkes Argument — anführen, daß sie der zur Zeit der Abfassung des Grundgesetzes am weitesten verbreiteten und seit fast einem halben Jahrhundert herrschenden Auffassung entspricht. Auch legen die Materialien des Parlamentarischen Rats, die über den Begriff der „gesetzgebenden Gewalt" im Sinne von Art. 20 Abs. 2 GG schweigen[192], immerhin an anderer Stelle die *Labandsche* Terminologie ausdrücklich[193] oder doch deutlich erkennbar[194] zugrunde. Es besteht aber trotzdem Anlaß zu der Vermutung, daß im Parlamentarischen Rat der Begriff der gesetzgebenden Gewalt in der Unsicherheit seiner Konturen gar nicht beachtet und deshalb auch nicht bewußt in einem spezifischen Sinne verwandt worden sind.

Hierfür spricht insbesondere der uneinheitliche Gebrauch, den das Grundgesetz insgesamt von den Termini „Gesetz" und „Gesetzgebung" macht[195]. Unter „Gesetzgebung" wird oft eindeutig ganz eng die formelle Gesetzgebung verstanden, so etwa in Art. 45 Abs. 2 GG, der dem ständigen Ausschuß des Bundestags das Recht der Gesetzgebung versagt. Dasselbe gilt für zahlreiche sonstige Vorschriften[196]. An anderer Stelle umfaßt der Begriff ebenso klar die Setzung von Rechtsnormen schlechthin, etwa in der Überschrift zum VII. Abschnitt des Grundgesetzes, der die „Gesetzgebung des Bundes" betrifft und die Regelung der delegierten Rechtsetzung in Art. 80 GG mit einschließt[197]. Dementsprechend wird auch das Wort „Gesetz" einmal im formellen[198] und einmal im materiellen[199] Sinne verwendet. Seine jeweilige Bedeutung läßt sich dabei häufig nur im Wege mühevoller Auslegung ermitteln[200].

---

[192] Vgl. die Beratungen des Hauptausschusses des Parl. Rats zu Art. 20 Abs. 2 (Art. 21 Abs. 3 des Entw.), Stenogr. Prot. S. 46 f., 319 f., 621, 748 f., 767. Vgl. weiter die Zuammenstellung der Materialien zu Art. 20 GG in JöR n.F. 1, 195 ff.

[193] Bericht des Abg. *v. Brentano* zu Art. 129, in: Schriftl. Bericht zum Entwurf eines Grundgesetzes für die Bundesrepublik Deutschland, erstattet von den Berichterstattern des Hauptausschusses f. d. Plenum, Anl. zum sten. Bericht der 9. Sitzung des Parl. Rats, Drucks. 850/854 S. 61 (71).

[194] Vgl. Bericht des Abg. *Katz* zu Art. 70 ff., a.a.O. (Fußn. 193), S. 33 (35), insbes. Ziff. 9.

[195] Vgl. *Hesse*, Verfassungsrecht, S. 189 f.

[196] Vgl. Art. 70 — 74, 81 GG.

[197] Ähnl. Art. 50 GG, der die Mitwirkung der Länder an der Gesetzgebung des Bundes festlegt. Aus Art. 80 Abs. 2 GG ergibt sich, daß hierzu auch die Mitwirkung an der delegierten Rechtsetzung gehört.

[198] Etwa Art. 2 Abs. 2, 6 Abs. 3, 8 Abs. 2, 10 Abs. 2, 11 Abs. 2 und 12 Abs. 1 GG.

[199] Etwa Art. 3 Abs. 1, 56, 83, 97 Abs. 1 GG.

[200] Vgl. etwa den noch immer nicht beendeten Streit um die Auslegung

II. Schranken auf Grund des Gewaltenteilungsprinzips

Weder die historische Entwicklung des Begriffs der gesetzgebenden Gewalt noch die Materialien zum Grundgesetz führen damit zu einem eindeutigen Auslegungsergebnis.

b) Systematische Interpretation

Die Frage, was das Grundgesetz in Art. 20 Abs. 2 unter „gesetzgebender Gewalt" versteht, läßt sich wegen des terminologisch unsicheren Gehalts dieses Begriffs demnach nur aus dem systematischen Zusammenhang des Grundgesetzes erschließen.

aa) Das Rechtsstaatsprinzip

Da das Gewaltenteilungsprinzip selbst eine Ausprägung des Rechtsstaatsprinzips darstellt, bietet sich dieses hierbei in erster Linie als Orientierungsmaßstab für das richtige Verständnis der Gewaltenabgrenzung an.

Hält man daran fest, daß die gesamte Gesetzgebung zum Bereich der Legislativgewalt zählt, so wird durch die Einführung des weiten positivistischen Gesetzesbegriffs der Bereich der gesetzgebenden Gewalt, der zuvor entsprechend dem damaligen Gesetzesverständnis auf die dauerhafte Regelung grundlegender Angelegenheiten beschränkt war, auf jede Form der positiven Rechtsetzung[201] ausgedehnt und damit tief in die bisherige Domäne der Exekutive erweitert. Das liegt insofern im Sinne einer auf größere Rechtsstaatlichkeit hinzielenden Entwicklung, als auf diese Weise eine ausdrückliche gesetzliche Ermächtigung für jede Form untergesetzlicher Rechtsetzung notwendig wird. Es ist aber zu überlegen, ob dieses Ermächtigungserfordernis nicht ganz unabhängig von der Gewaltenteilung schon unmittelbar aus dem

---

von Art. 100 Abs. 1 GG. Hierzu *Stern* in BK, Art. 100, Zweitbearbeitung, Rdnr. 60.

[201] Der Begriff des Rechtssatzes qua Rechtsnorm wird hier ausschließlich in seiner formellen Bedeutung als staatliche, nach außen gerichtete, abstrakte und generelle Vorschrift verstanden (vgl. BVerwGE 18, 1, 3 f.; *Eyermann-Fröhler*, VwGO, § 42 Rdnr. 31). Materielle Gesichtspunkte, wie der der sozialen Schrankenziehung oder des Eingriffs in Freiheit und Eigentum, bleiben dabei außer Betracht (vgl. dazu oben Fußn. 139). Zur Vermeidung von Mißverständnissen muß freilich betont werden, daß der so verwendete Begriff des Rechtssatzes nicht mit dem des Rechts identifiziert werden darf. Regelungen, die wie Verwaltungsvorschriften ohne Außenwirkung nicht unter den genannten Rechtssatzbegriff fallen, bewegen sich deshalb nicht im rechtsleeren Raum, wie oft geltend gemacht wird (vgl. *Herbert Krüger*, Allg. Staatslehre, S. 719). Sie stellen ebenso Rechtsregeln dar wie etwa privatrechtliche Verträge, nur sind sie eben keine Rechtsnormen in der hier verwendeten engen Bedeutung.

F. Inhaltliche Grenzen

Rechtsstaatsprinzip und der von dorther gebotenen engeren Bindung der Exekutive an das Gesetz folgt. Diese Frage wird später noch näherer Klärung bedürfen[202].

Hier kann sie dahingestellt bleiben, denn selbst wenn man das Ermächtigungserfordernis als begrüßenswerte Folge nur des Gewaltenteilungsgrundsatzes ansehen müßte, wären die übrigen Konsequenzen, die sich ergeben, wenn man mit der positivistischen Doktrin die gesamte Rechtsetzung zum ureigenen Bereich der Legislativgewalt zählt, gerade vom Rechtsstaatsprinzip her gesehen bedenklich. Zwar wird oft, und dann meist wenig reflektiert, die Auffassung vertreten, daß Verordnungsermächtigungen eine an sich bedauerliche, aber aus praktischen Gründen unumgängliche Durchbrechung des Gewaltenteilungsprinzips seien[203]. Man wird bei näherem Zusehen aber eher fragen müssen, ob nicht umgekehrt das Rechtsstaatsprinzip eine delegierte Rechtsetzung in begrenztem Umfang geradezu fordert[204].

Ein Gewaltenteilungsmodell, das die gesamte Rechtsetzung der Legislative zuweist, könnte einmal den Rechtsstaat insofern gefährden, als es — wie sogleich zu zeigen sein wird — zu einer Beeinträchtigung der Einheitlichkeit der Rechtsordnung führt. Dadurch würde die Gleichbehandlung der Bürger, die einen wesentlichen Faktor der Rechtsstaatlichkeit darstellt, erschwert: Gäbe es nur formelle Gesetze, so besäßen alle Rechtsnormen mit Ausnahme der Verfassung den gleichen Rang. Spätere Spezialregelungen, die nach der jetzigen Übung im Verordnungswege ergehen, könnten als lex specialis und zugleich lex posterior nicht mehr an früheren allgemeinen Gesetzen gemessen werden, die von Details entlastet sind und die sich deshalb mehr an den grundlegenden Prinzipien des Rechts orientieren. Gerade diese Prinzipien werden bei der Regelung enger Sachverhalte aber häufig zugunsten wirklicher oder vermeintlicher konkreter Notwendigkeiten vernachlässigt. *Quaritsch* hat in seiner Schrift über das Hamburgische Aufbaugesetz ein anschauliches Beispiel hierfür aus der Gesetzgebungspraxis geliefert[205].

Das Hamburgische Aufbaugesetz vom 11. 4. 1949[206] regelt die Grundsätze des Landesbaurechts von Hamburg. Es sieht „Durchführungspläne" vor, die dem Bebauungsplan im Sinne von § 8 f Bundesbaugesetz entsprechen. Diese Pläne werden nicht — wie üblich— durch unter-

---

[202] Vgl. unten S. 62 f.
[203] Vgl. *Laidig*, Gesetzesvertretende Verordnungen, S. 10 und 62 f.
[204] Vgl. die oben Fußn. 183 ff. Genannten.
[205] *Quaritsch*, Das parlamentslose Parlamentsgesetz, Hamburg 1961.
[206] Hamb. GVBl. S. 45, neu gefaßt durch Gesetz v. 19. 3. 1957, GVBl. I S. 217, 241.

II. Schranken auf Grund des Gewaltenteilungsprinzips

gesetzliche Rechtsnorm, also Satzung beziehungsweise in Hamburg Rechtsverordnung[207], sondern durch formelles Gesetz der hamburgischen Bürgerschaft festgestellt. Das hat zur Folge, daß die einzelnen Pläne, die oft nur einige Häuserblocks umfassen, als lex posterior und lex specialis grundsätzlich keiner Bindung an das Aufbaugesetz unterliegen[208]. Die sich hieraus ergebenden Gefahren für die Einheitlichkeit der Rechtsordnung, die Gleichbehandlung der Bürger und damit auch für den Rechtsstaat sind evident.

Das Rechtsstaatsprinzip wird durch eine solche Regelung aber auch noch in anderer Hinsicht gefährdet: Mit dem Wegfall der inhaltlichen Überprüfbarkeit an höherrangigem Gesetzesrecht geht eine Beschränkung des Rechtswegs einher. Die gerichtliche Normenkontrolle ist gegenüber Gesetzen bekanntlich in viel engerem Maße als gegenüber Verordnungen möglich. Das gilt nicht nur für die abstrakte Normenkontrolle, wo es für Gesetze an einer dem § 47 VwGO entsprechenden Möglichkeit fehlt. Es trifft vor allem auch bei der praktisch im Vordergrund stehenden Inzidentkontrolle zu, bei der für Gesetzesrecht keine Verwerfungsbefugnis der einfachen Gerichte besteht. Die Möglichkeit der Vorlage bei den Verfassungsgerichten bedeutet hier — schon wegen der Langwierigkeit verfassungsgerichtlicher Verfahren — keinen vollwertigen Ausgleich.

Diese Erschwerung des Rechtsschutzes gegenüber formellen Gesetzen hat ihre Berechtigung, wenn man von einem Gesetzesbegriff ausgeht, der sich mehr oder weniger an abstrakten und allgemeingültigen Regelungen orientiert. Die Monopolisierung der Verwerfungskompetenz bei den Verfassungsgerichten ist hier legitim, weil es um die Entscheidung über Fragen von nicht ganz untergeordneter Bedeutsamkeit geht. Die Beschränkung der Kontrolle durch die einfachen Gerichte muß aber um so bedenklicher erscheinen, je mehr es Gesetze gibt, die ins einzelne gehende Fragen normieren und sich damit dem Bereich des Exekutorischen nähern[209]. Hier fehlt ein öffentliches Interesse, das es rechtfertigen könnte, dem einzelnen die zeitraubende Entscheidung durch

---

[207] In Hamburg, wo es nach Art. 4 Abs. 1 der Verfassung vom 6. 6. 1952 (GVBl. S. 11) — anders als in Bremen — keine kommunale Ebene, sondern nur Landesangelegenheiten gibt, ergingen die Bebauungspläne bis zum Erlaß des Aufbaugesetzes in seiner hier erörterten Fassung vom März 1957 durch Rechtsverordnung. Das BBauG schreibt in § 10 jetzt den Erlaß im Satzungswege vor.

[208] *Quaritsch*, a.a.O. (Fußn. 205), S. 18 ff., versucht dies Ergebnis zu vermeiden, indem er den lex-posterior-Grundsatz als absolute Regel in Frage stellt.

[209] Vgl. BVerfGE 24, 367 (401 ff.). Das Bundesverfassungsgericht beschränkt hier Legalenteignungen wegen des geminderten Rechtsschutzes gegenüber gesetzgeberischen Maßnahmen auf Ausnahmefälle von besonderer Bedeutung.

die Verfassungsgerichte zuzumuten. Es besteht darüber hinaus aber auch kein Grund, die Verfassungsgerichte mit solch untergeordneten Angelegenheiten zu belasten.

Für diese Nachteile einer Zuweisung der gesamten Rechtsetzung an die Legislative würde nicht einmal notwendig eine sachlich bessere Normierung im Einzelfall eingetauscht. Im Gegenteil. Die Exekutive steht mit ihrem verzweigten Behördensystem — besonders wenn man von der untypischen Situation des Stadtstaates absieht — den üblicherweise im Verordnungswege geregelten Detailfragen in sachlicher, räumlicher und persönlicher Hinsicht meist mehr viel näher als der formelle Landes- oder Bundesgesetzgeber. Die Exekutive ist daher insoweit auch eher zu einer adäquaten Normierung berufen. Ein Beispiel mag dies verdeutlichen:

Die Polizeistunde gehört als Teil des Gaststättenrechts zu den konkurrierenden Gesetzgebungszuständigkeiten des Bundes[210]. Der Bund kann hiervon, sofern er keine bundeseinheitliche Regelung erlassen will, theoretisch auf zweierlei Weise Gebrauch machen: Einmal indem er, wie es tatsächlich geschehen ist[211], die Länder ermächtigt, die Polizeistunde unter Beachtung bestimmter Grundsätze in den einzelnen Gebieten je nach den örtlichen Verhältnissen durch Rechtsverordnung festzusetzen. Die andere Möglichkeit wäre, daß er mit entsprechendem Arbeitsaufwand auf diese örtlichen Verhältnisse selbst Bedacht zu nehmen versucht und durch Bundesgesetz für die einzelnen namentlich genannten Orte die nötigen unterschiedlichen Vorschriften erläßt. Die Bedenken gegen ein solches Verfahren liegen auf der Hand, auch wenn man von der bundesstaatlichen Problematik ganz absieht. Der Gesetzgeber ist für eine solche Entscheidung, bei der es in hohem Maße auf lokale Faktoren ankommt, einfach nicht das geeignete Organ. Seine Entscheidungen werden deshalb nicht „besser", sondern sogar sehr viel weniger sachgerecht ausfallen als die einer ortsnäheren Verwaltungsinstanz[212].

Das ist nicht nur ein Gesichtspunkt der Staatseffizienz. Es ergeben sich daraus auch rechtliche Bedenken. Es fragt sich nämlich, ob der Staat völlig frei in der Wahl der Organe ist, durch die er seine Kompetenzen ausüben läßt. Kann er etwa, um ein extremes Beispiel zu wählen, ein Gesundheitsamt, das ausschließlich mit Ärzten besetzt ist, mit der

---

[210] Art. 74 Ziff. 11 GG. Es handelt sich um eine sog. Annex-Kompetenz, vgl. BVerfGE 8, 143 (148 ff.).

[211] § 18 Gaststättengesetz v. 5. 5. 1970, BGBl. I S. 465.

[212] *Vogel*, VVdStRL 24, 125 (172 ff.), weist das Argument der Sachnähe unter Berufung auf die damit oft verbundene Fachblindheit zurück. Das ist für grundsätzliche Regelungen sicher richtig. Bei der hier in Rede stehenden Erledigung von Detailfragen gewinnt die Sachnähe aber die größere Bedeutung.

II. Schranken auf Grund des Gewaltenteilungsprinzips

Entscheidung über Baugesuche oder das Bestehen der Reifeprüfung betrauen? Bei einer Aufgabenzuweisung an absolut ungeeignete Amtsträger ist eine sachgerechte Behandlung des einzelnen Falles nicht gewährleistet. Das aber tangiert die Bindung der vollziehenden Gewalt an Gesetz und Recht, die den Kern des Rechtsstaatsprinzips ausmacht. Eine nicht auf sachgerechten Erwägungen beruhende Entscheidung ist höchstens zufällig im Ergebnis gerecht.

Im Fall eines umfassenden Regelungsmonopols der Legislative wäre die Problematik nicht ganz so offensichtlich. Ein grundsätzlicher Unterschied besteht aber nicht. Auch der parlamentarische Gesetzgeber kann für die Normierung bestimmter Bereiche ein untaugliches Organ sein[213].

Delegierte Rechtsetzung läßt sich demnach nicht nur mit dem Rechtsstaatsgrundsatz vereinbaren, man wird vielmehr aus dem Rechtsstaatsprinzip sogar in gewissem Umfang die rechtliche Notwendigkeit einer solchen Delegation herleiten müssen. Es spricht deshalb vieles dafür, daß auf dem Gebiet der Rechtsetzung außer dem Kernbereich der Legislative und einem weiten Zwischenfeld der fakultativen Delegation auch ein — wenngleich begrenzter — eigener Sektor der ausführenden Gewalt existiert. Dort trifft die Legislative eine *Pflicht* zur Delegation, wenn man nicht sogar eine originäre Rechtsetzungsbefugnis der Exekutive bejaht[214].

Es braucht hier aber nicht entschieden zu werden, inwieweit die Rechtsetzung im Gewaltengliederungsschema des Grundgesetzes tatsächlich auf die geschilderte Weise teilweise in den eigenen Bereich der Exekutivgewalt fällt. Im vorliegenden Zusammenhang ist allein

---

[213] Vgl. *Hesse*, Verfassungsrecht, S. 182.

[214] So *Vogel*, VVdStRL 24, 125 (156 ff.), der allerdings bedenklicherweise auf den allgemeinen Gesetzesvorbehalt für Eingriffe verzichtet (a.a.O., S. 147 ff.). Dieser Allgemeinvorbehalt sollte ebenso eine Grenze unabgeleiteter Rechtsetzung durch die Exekutive sein wie spezielle Gesetzesvorbehalte (etwa Art. 8 Abs. 2, 12 Abs. 1 Satz 2 GG) und der später noch zu erörternde Kernbereich der Legislative. Die unabgeleitete Rechtsetzung durch die Exekutive hätte im übrigen auch den Vorrang des Gesetzes zu beachten. An diesem Vorrang müßten Rechtsverordnungen gegenüber unabgeleiteten Verordnungen teilhaben, da Rechtsverordnungen kraft der besonderen gesetzlichen Delegation eine gegenüber sonstigen Exekutivmaßnahmen gesteigerte demokratische Legitimation besitzen. Die sich so ergebende Rangstufenfolge der Rechtsnormen (Verfassung, Gesetz, Rechtsverordnung, unabgeleitete Rechtsetzung der Verwaltung) würde dazu beitragen, die Problematik der Verwaltungsvorschriften zu entschärfen. Diese Vorschriften könnten, soweit sie Außenwirkung entfalten (vgl. oben Fußn. 201), auch ohne besondere Ermächtigung als Rechtsnormen anerkannt werden und würden sich dennoch in das Gewaltenschema des Grundgesetzes einfügen. Von der h. M. wird freilich jede Form unabgeleiteter Rechtsetzung durch die Exekutive für unzulässig gehalten. Vgl. *Wilke* in *v. Mangoldt-Klein*, Art. 80, Anm. II 3 c mit weiteren Nachweisen.

die Feststellung wichtig, daß ein ausnahmsloses Setzen aller Rechtsnormen durch die Legislative dem Rechtsstaatsprinzip nicht gerecht wird.

Auch diese Erkenntnis gestattet freilich nicht ohne weiteres den Schluß, daß Art. 20 Abs. 2 Satz 2 GG ein engerer als der positivistische Gesetzesbegriff zugrunde liege, und daß die „gesetzgebende Gewalt" im Sinne dieser Vorschrift daher nicht die gesamte Rechtsetzung umfasse. Es wäre auch denkbar, in Art. 20 Abs. 2 Satz 2 GG die Anordnung einer strikt funktionalen Gewaltenteilung zu sehen, welche die gesamte Rechtsetzung primär der Legislative überläßt. Die stillschweigend zugelassenen und ausdrücklich angeordneten Durchbrechungen hätten dann die Bedeutung, den so verstandenen Gewaltenteilungsgrundsatz mit dem Rechtsstaatsprinzip vereinbar zu machen. An einer ursprünglichen Kongruenz beider Verfassungsprinzipien würde es so freilich fehlen, ein Umstand, der wenig befriedigt, da sich das eine Prinzip aus dem anderen herleitet.

Legt man dem Gewaltenteilungsmodell dagegen einen engeren Begriff der Gesetzgebung zugrunde, so verstehen sich nicht nur die normierten, sondern auch zahlreiche historische und im Grundgesetz nicht ausdrücklich zugelassene Gewaltenverschränkungen[215] von selbst. Sie bedeuten dann keine „Durchbrechungen" des Gewaltenteilungsprinzips, sondern gehören zu seinem Inhalt. Vom Rechtsstaatsprinzip her gesehen spricht demnach mehr für eine einschränkende Interpretation des Begriffs der Gesetzgebung in Art. 20 Abs. 2 Satz 2 GG, für die Art. 80 Abs. 1 GG eine Beschränkung und nicht — wie meist angenommen wird — eine Erweiterung der Rechte der Exekutive bedeutet.

bb) Das demokratische Prinzip

Die Gewaltenteilung des Grundgesetzes kann aber nicht sinnvoll interpretiert werden, ohne die zentrale Entscheidung der Verfassung für das demokratische Prinzip zu berücksichtigen. Dieses Prinzip steht ideengeschichtlich seit jeher in einer gewissen Antinomie zum Gewaltenteilungsgedanken. Beide sind nebeneinander deshalb nicht isoliert zu verstehen, sondern nur in ihrer gegenseitigen Wechselwirkung begreifbar[216].

Die auf dem demokratischen Prinzip beruhende Vorrangstellung des Parlaments scheint auf den ersten Blick für eine möglichst weitgehende

---

[215] Vgl. oben S. 42.
[216] Vgl. *Imboden,* Montesquieu und die Lehre von der Gewaltentrennung, S. 24 f.

II. Schranken auf Grund des Gewaltenteilungsprinzips

Zuständigkeit der Volksvertretung und damit eher für als gegen ein umfassendes Rechtsetzungsmonopol der Legislative zu sprechen. Trotzdem ergeben sich gerade vom demokratischen Prinzip her gegen eine solche Gewaltenabgrenzung Bedenken. Sie ließe einmal unberücksichtigt, daß die Exekutive unter dem Grundgesetz — anders als die Exekutive im konstitutionellen Staat — ebenfalls institutionell und personell demokratisch legitimiert ist. Dem Parlament kommt lediglich in persönlicher Hinsicht eine unmittelbarere und damit gesteigerte demokratische Legitimation zu[217]. *Ossenbühl* hebt deshalb mit Recht hervor, daß die — nur partiell und graduell höhere — demokratische Rangstufe der Volksvertretung keine Vermutung für eine möglichst umfassende Parlamentszuständigkeit begründet[218].

Mit dieser negativen Feststellung ist freilich wenig gewonnen. Sehr viel wesentlicher erscheint ein anderer Gesichtspunkt: Wenn man nämlich aus dem besonderen demokratischen Rang der Volksvertretung auch keinen totalen Entscheidungsvorbehalt des Parlaments herleiten kann, so folgt hieraus doch seine Aufgabe, als das am unmittelbarsten demokratisch legitimierte Organ die grundlegenden politischen und rechtlichen Entscheidungen des Gesamtgemeinwesens zu fällen[219]. Gerade diese für alle westeuropäischen Demokratien der Idee nach geradezu konstitutive Parlamentskompetenz hat sich in der Verfassungswirklichkeit aber aus vielfältigen Gründen, auf die hier nicht eingegangen zu werden braucht, schon längst in weitem Umfang auf die Exekutive verlagert[220]. Die Eignung des Parlaments zur Erfüllung seiner verfassungsmäßigen Aufgabe müßte nun noch weiter reduziert werden, wenn es durch Zuweisung der gesamten Rechtsetzung auf die geschilderte Weise mit der Fülle bisher im Verordnungswege geregelter Details befaßt würde. Das läge weniger an der Arbeitsbelastung, die hier als mehr technisches Problem bewußt außer acht gelassen wird[221], sondern wäre im wesentlichen eine Frage der Perspektive. Ein Gesetzgeber, der sich mit allen Kleinigkeiten abgeben muß, verliert notwendig den Blick für das Ganze[222]. Seine Fähigkeit, allgemeine Leitlinien auf-

---

[217] *Ossenbühl*, Verwaltungsvorschriften, S. 196 ff.
[218] *Ossenbühl*, Verwaltungsvorschriften, S. 199, 207 f. Ebenso *E. W. Böckenförde*, Organisationsgewalt, S. 81; *Götz*, Recht der Wirtschaftssubventionen, S. 284 f.
[219] Vgl. *Hesse*, Verfassungsrecht, S. 188 ff.; *Bachof*, Diskussionsbeitrag, VVdStRL 24, 224 (225); *Hollerbach*, Diskussionsbeitrag, ebenda, S. 232 (233); *Herzog*, ebenda, S. 183 (205); *Ossenbühl*, AöR 92, 1 (31); ders., Verwaltungsvorschriften, S. 207 f.; *Thieme*, DÖV 62, 77 f. und JZ 64, 81 (82); *Ehmke*, Wirtschaft und Verfassung, S. 67; *Ekkehard Stein*, Staatsrecht, § 8 I (S. 50 f.).
[220] Vgl. hierzu *Sternberger*, Parlamentarismus, S. 325 ff.
[221] Zu den sich hieraus ergebenden Gefahren vgl. *Ekkehard Stein*, Staatsrecht, § 8 I (S. 50); *H. J. Wolff*, Verwaltungsrecht I, § 17 IV.
[222] *Ehmke*, Wirtschaft und Verfassung, S. 75 f.

zustellen, nimmt Schaden. Ein Gewaltenteilungsmodell, das die gesamte Rechtsetzung der Legislative zuweist, wäre deshalb auch im Hinblick auf das demokratische Prinzip höchst problematisch[223].

cc) Artikel 80 Abs. 1 GG

Gegen einen eingeschränkten Gesetzgebungsbegriff scheint allerdings Art. 80 Abs. 1 GG zu sprechen. Das gilt jedenfalls, sofern man der Exekutive grundsätzlich eine begrenzte unabgeleitete Rechtsetzungsmacht zubilligt[224].

Wird der in Art. 80 Abs. 1 verwendete Begriff der Rechtsverordnung nämlich, wie dies meistens geschieht[225], mit dem des Rechtssatzes identifiziert, dann ist die Rechtsverordnung nicht etwa eine besondere Form exekutorischer Rechtsetzung, sondern die einzige hierfür in Betracht kommende Form überhaupt, mit der Folge, daß jede Rechtsetzung durch die Exekutive einer speziellen gesetzlichen Grundlage bedarf[226]. Ein so weitgehendes Ermächtigungserfordernis läßt sich aus einem Gewaltenmodell, das eine eigene Rechtsetzungsbefugnis der Exekutive kennt, nicht herleiten. Dagegen ergibt es sich zwanglos aus einer strikt funktionalen Gewaltenabgrenzung. Wer in Art. 80 Abs. 1 GG einen Ausdruck des Gewaltenteilungsprinzips sieht[227], legt daher eine solche Sicht der Gewaltenteilung zugrunde. Für ihn ermöglicht Art. 80 Abs. 1 GG eine Erweiterung der Kompetenzen der Exekutive gegenüber den Rechten, die sich auf Grund des Gewaltenteilungsgrundsatzes ergeben.

Die Tatsache, daß Art. 80 Abs. 1 GG in dieser Weise sinnvoll ausgelegt werden kann, beweist jedoch nicht die Notwendigkeit einer solchen Gewaltenabgrenzung. Vielmehr ergibt die Vorschrift auch auf der Basis eines Gewaltenmodells, das eine begrenzte originäre Rechtsetzung der Exekutive grundsätzlich nicht ausschließt, einen Sinn. Sie hat dann allerdings nicht mehr eine *Erweiterung* der Kompetenzen der Exekutive, sondern umgekehrt ihre *Beschränkung* gegenüber dem sich aus dem Gewaltenteilungsprinzip ergebenden Rahmen zum Inhalt.

---

[223] Vgl. *Ekkehard Stein*, Staatsrecht, § 8 I (S. 50 f.) und die oben S. 53 wiedergegebene Stelle bei *Mitchell*, Constitutional Law, S. 229.

[224] Vgl. oben S. 59.

[225] Vgl. *Maunz* in *Maunz-Dürig*, Art. 80 Rdnr. 1 mit weiteren Nachweisen.

[226] Vgl. dazu *Wilke* in *v. Mangoldt-Klein*, Art. 80, Anm. III 1 b und IV 1 a. E. (S. 1916) m. w. Nachw.

[227] So alle diejenigen, die Ermächtigungen zu Rechtsverordnungen als Übertragung von Kompetenzen durch die Legislative auf die Exekutive begreifen, vgl. *H. J. Wolff*, Verwaltungsrecht I, § 25 VII a 2; *Schmidt-Bleibtreu-Klein*, Art. 80, Rdnr. 1; *Wilke* in *v. Mangoldt-Klein*, Art. 80, Anm. II 2, 3 a.

II. Schranken auf Grund des Gewaltenteilungsprinzips

Das absolute Ermächtigungserfordernis des Art. 80 Abs. 1 GG ist jetzt nicht mehr selbst Ausdruck des Gewaltenteilungsprinzips, wohl aber ein unmittelbarer Niederschlag des Rechtsstaatsprinzips in Gestalt eines Vorbehalts des Gesetzes[228]. Sofern man einen solchen Vorbehalt überhaupt als wünschenswert ansieht, besteht für eine entsprechende ausdrückliche Regelung ein Bedürfnis. Denn der ebenfalls aus dem Rechtsstaatsprinzip fließende allgemeine Vorbehalt des Gesetzes gilt nach der herrschenden Meinung nur für belastende Staatsakte[229], wozu Rechtsverordnungen nicht notwendig gehören.

Art. 80 Abs. 1 GG läßt sich freilich auch dahin interpretieren, daß er nur Rechtsverordnungen im formellen Sinne von einer Ermächtigung abhängig macht und damit eine unabgeleitete Rechtsetzung durch die Exekutive in anderer Form, etwa in allgemeinen Verwaltungsvorschriften mit Außenwirkung, gestattet, soweit sie nicht gegen den Gewaltenteilungsgrundsatz, Gesetzesvorbehalte, beziehungsweise den Vorrang formeller Gesetze oder Rechtsverordnungen verstößt[230]. Das wirft die Frage nach dem Sinn einer derartigen Regelung auf, die für die Ordnung einer Materie aus dem eigenen Normsetzungsbereich der Exekutive nur dann eine Ermächtigung fordert, wenn sie durch Rechtsverordnung erfolgen soll, sonst aber nicht. Auch scheint für eine Ermächtigung jede Basis zu fehlen, wo die Exekutive bereits die zu übertragenden Normgebungsrechte besitzt.

An letzterem ist sicher richtig, daß hier eine Übertragung der eigentlichen Normierungskompetenz kaum in Betracht kommt. Die Ermächtigung hätte aber trotzdem einen wichtigen anderen Zweck. Sie vermittelt nämlich den Normen, die auf ihrer Grundlage ergehen, die Teilhabe an der besonderen demokratischen Legitimation des Gesetzes und verleiht ihnen damit den gesteigerten Rang, den Rechtsverordnungen gegenüber etwaigen sonstigen von der Exekutive erlassenen Rechtsnormen besitzen müssen[231]. Die Ermächtigung wäre demnach — soweit die eigene Rechtsetzungsbefugnis der Exekutivgewalt reicht — zwar nicht für die Regelungsbefugnis als solche, wohl aber für den Rang der zu

---

[228] So *Rupp*, Grundfragen, S. 115; *Jesch*, Gesetz und Verwaltung, S. 156, 175; *Selmer*, VerwArch. 59, 114 (117).
[229] Zum heutigen Meinungsstand vgl. insbes. die umfassenden Untersuchungen von *Ossenbühl*, Verwaltungsvorschriften, S. 208 ff. Zur Entwicklung der Lehre vom Vorbehalt des Gesetzes siehe *Jesch*, Gesetz und Verwaltung, S. 108 ff. und *E. W. Böckenförde*, Gesetz und gesetzgebende Gewalt, S. 226 ff. Von *Vogel*, VVdStRL 24, 125 (147 ff.) wird neuerdings sogar die Existenz eines solchen allgemeinen Gesetzesvorbehalts für Eingriffsmaßnahmen geleugnet und allein auf spezielle Gesetzesvorbehalte verwiesen. Ebenso *Hoffmann*, Rechtsfragen der Währungsparität, S. 45.
[230] Vgl. oben Fußn. 214.
[231] Vgl. oben Fußn. 214.

setzenden Rechtsnormen entscheidend, indem sie diese zu Rechtsverordnungen im formellen Sinne und damit zu einer besonders qualifizierten Form exekutorischer Rechtsetzung macht.

Art. 80 Abs. 1 GG steht demnach, wie immer man ihn interpretiert, auch mit einer engen Bestimmung des Bereichs der Legislative in Einklang, und zwar selbst dann, wenn man von einer grundsätzlichen eigenen Normsetzungsbefugnis der Exekutivgewalt ausgeht. Aus Art. 80 Abs. 1 GG lassen sich mithin keine entscheidenden Hinweise auf das Gewaltenteilungsmodell des Grundgesetzes entnehmen.

dd) Sonstige Einzelvorschriften des Grundgesetzes

Es bleibt daher nur übrig, die sonstigen Einzelregelungen des Grundgesetzes zu sichten, um Aufschlüsse darüber zu gewinnen, wie das Grundgesetz die Gewichte zwischen den Gewalten verteilt. Dabei werden die bisherigen Überlegungen insofern bestätigt, als das Grundgesetz eine Regelung durch den formellen Gesetzgeber besonders dann fordert, wenn es sich um besonders wichtige Maßnahmen handelt.

Deren Wichtigkeit kann sich einmal daraus ergeben, daß sie Rechte des Bürgers, vor allem Grundrechte, beschränken. Hier sind Eingriffe in Freiheit und körperliche Unversehrtheit (Art. 2 Abs. 2 GG), in das Post- und Fernmeldegeheimnis (Art. 10 Abs. 2 Satz 2 GG) und in das Eigentum (Art. 14 Abs. 3 GG) zu nennen. Zur gleichen Gruppe zählt auch der erwähnte, aus dem Rechtsstaatsprinzip (Art. 20 Abs. 2 GG) abgeleitete allgemeine Vorbehalt des Gesetzes für belastende Staatsakte.

Die Wichtigkeit kann aber auch darauf beruhen, daß es sich um für die Leitung des Gesamtgemeinwesens grundlegende Materien handelt. In diesem Lichte sind etwa die Vorbehalte gesetzlicher Regelung für das Recht der Parteien (Art. 21 Abs. 2 GG), die Neugliederung des Bundesgebiets (Art. 29 GG), die Wahl des Bundestags und des Bundespräsidenten (Art. 38 Abs. 3 und 54 Abs. 7 GG) sowie Verfassung und Verfahren des Bundesverfassungsgerichts (Art. 94 GG) zu sehen.

Alle bisher genannten Verfassungsnormen haben gemeinsam, daß sie auf die Dauer angelegte, abstrakte Regelungen betreffen. Das gilt auch, soweit es um die Einschränkung von Grundrechten geht. Denn nicht die Limitierung der konkreten Rechte des Einzelnen erfolgt durch Gesetz, sondern die Ordnung des in solchen Fällen allgemein anzuwendenden Rechts. Das Element der Abstraktheit und Dauerhaftigkeit kann für den Verfassungsgesetzgeber aber keine conditio sine qua non gewesen sein, um eine Regelung durch Gesetz anzuordnen. Ein formelles Gesetz wird teilweise bei durchaus singulären Maßnahmen gefordert. Markante Beispiele hierfür sind die Sozialisierung (Art. 15 GG) und die

II. Schranken auf Grund des Gewaltenteilungsprinzips

Übertragung von Hoheitsrechten nach Art. 24 Abs. 1 Satz 2 GG. Auch die Verabschiedung des Haushaltsplans in Gesetzesform (Art. 110 Abs. 2 GG) und der Abschluß bestimmter völkerrechtlicher Verträge (Art. 59 Abs. 2 GG) gehören hierher. Diese Staatsakte besitzen zum Teil einen sehr temporären und inhaltlich wenig abstrakten Charakter. Ihnen kommt aber wegen ihres das gesamte Gemeinwesen berührenden Inhalts ebenfalls eine ganz besondere Wichtigkeit zu.

Das Grundgesetz weist andererseits nicht *alle* Entscheidungen mit grundsätzlichem Charakter dem Parlament zu. Besonders auf dem Gebiet der auswärtigen Gewalt ergibt sich insoweit ein weiter eigener Bereich der Regierung. Das Grundgesetz macht beispielsweise weder die Anerkennung auswärtiger Staaten noch die Angelegenheiten des diplomatischen Verkehrs einschließlich der Aufnahme und des Abbruchs der diplomatischen Beziehungen von der Zustimmung des Bundestags abhängig. Auch die Initiative zum Abschluß völkerrechtlicher Verträge liegt ausschließlich bei der Regierung. Bei allen diesen Materien kann es um Entscheidungen gehen, die eine außerordentliche Bedeutung besitzen.

Auch auf dem auswärtigen Sektor ordnet das Grundgesetz allerdings in einzelnen Fällen an, daß die Volksvertretung mitwirken muß. Dabei handelt es sich insbesondere um den bereits erwähnten Art. 59 Abs. 2 GG, der den Abschluß völkerrechtlicher Verträge über die politischen Beziehungen des Bundes oder Gegenstände der Bundesgesetzgebung betrifft[232]. Der Grund für dieses Zustimmungserfordernis liegt bei den politischen Verträgen in der besonderen Wichtigkeit der Materie. Ein politischer Vertrag kann die gesamte Staatspolitik auf lange Zeit binden, und eine solche Wirkung liegt — anders als bei den meisten sonstigen Maßnahmen im Bereich der auswärtigen Gewalt — oft auch gerade in seinem Zweck. Die Verträge über Gegenstände der Bundesgesetzgebung andererseits werden in Art. 59 Abs. 2 GG von der parlamentarischen Billigung abhängig gemacht, um einer Aushöhlung der innerstaatlichen Kompetenzordnung zu begegnen[233]. Es sind also auch hier die sonst für die Gewaltenabgrenzung entscheidenden Wichtigkeitskriterien maßgeblich. Damit ergibt sich im Bereich der auswärtigen Gewalt zwar ein weiterer Spielraum der Regierung, auch insoweit wird aber für gewisse als besonders gravierend anzusehende Fälle die Zustimmung der Volksvertreter gefordert.

Mit dieser Grundtendenz, besonders wichtige Entscheidungen dem Gesetzgeber vorzubehalten oder ihn doch zumindest daran zu beteiligen, scheint allerdings die Richtlinienkompetenz des Bundeskanzlers nach

---

[232] Zwei weitere Fälle enthalten Art. 24 Abs. 1 und Art. 115 l Abs. 3 GG.
[233] *Menzel* in BK, Art. 59, Anm. II 6; *Maunz* in *Maunz-Dürig*, Art. 59, Rdnr. 16.

F. Inhaltliche Grenzen

Art. 65 GG nicht ohne weiteres in Einklang zu stehen. Dieses Recht hat seinen Platz zwar primär nicht im Wechselspiel der drei Gewalten, sondern bei der Willensbildung im Innern der Exekutive[234]. Nach der überwiegend vertretenen Meinung entwickelt es aber auch gegenüber der Legislative eine gewisse Wirkung[235], über deren Inhalt und Ausmaß freilich bisher kaum Klarheit besteht. Für letztere Interpretation spricht die insgesamt starke Stellung, die das Grundgesetz dem Bundeskanzler und der Bundesregierung einräumt und die im konstruktiven Mißtrauensvotum ihre sinnfälligste Ausprägung findet.

Es muß aber die Frage beantwortet werden, *welche* Wirkung die Richtlinienkompetenz denn nun gegenüber dem Gesetzgeber entfaltet. Eines ist dabei sicher: Aus der Richtlinienkompetenz kann weder eine Pflicht des Parlaments folgen, bestimmte Gesetze zu verabschieden, noch eine Pflicht, dies zu unterlassen. Die gegenteilige Annahme würde das Einräumen diktatorischer Vollmachten an den Bundeskanzler bedeuten.

Unter der Weimarer Verfassung, die in Art. 56 eine dem Art. 65 GG entsprechende Vorschrift enthielt, wurde allerdings vielfach die Auffassung vertreten, das Parlament müsse sich politischer Gesetze, welche die Richtlinienkompetenz des Kanzlers einengen könnten, enthalten[236]. Diese Lehre hat jedoch seit Inkrafttreten des Grundgesetzes nur noch wenige ausdrückliche Anhänger[237] gefunden[238]. Da es politisch irrele-

---

[234] *Nawiasky*, Grundgedanken, S. 115; *Sellmann*, Der schlichte Palamentsbeschluß, S. 60 f., beschränkt Art. 65 GG sogar ausschließlich auf diesen Bereich.

[235] Vgl. BVerfGE 1, 299 (310 f.); *v. Mangoldt-Klein*, Art. 65, Anm. II 2 b und III 1 c; *Hans Schneider*, Festschr. f. Carl Schmitt, S. 159 (171); *Friauf*, AöR 88, 257 (301) sowie die in Fußn. 237 Genannten.

[236] Vgl. *Anschütz*, Reichsverfassung, Art. 56, Anm. 5; *Poetzsch-Hefter*, HDStR, Bd. 1, S. 511 (514); *Thoma*, ebenda, Bd. 2, S. 108 (149); *Leibholz*, Reichsverwaltungsblatt, Bd. 53, 21 (22 f.).

[237] Etwa *E. U. Junker*, Richtlinienkompetenz, S. 88, der sich zu Unrecht auf BVerfGE 1, 372 (394) und *v. Mangoldt-Klein*, Art. 65, Anm. II 2 b, beruft. Beide betonen zwar die Freiheit des Bundeskanzlers gegenüber politischen Entschließungen des Parlaments. Das BVerfG. nimmt aber zu der entscheidenden Frage gar nicht Stellung, ob das auch gegenüber Entschließungen in Gesetzesform gilt. *v. Mangoldt-Klein* bejahen insoweit sogar ausdrücklich eine Bindung des Bundeskanzlers (a.a.O., Anm. III 3 c Abs. 1). Der Aufsatz von *Leibholz* aus dem Jahre 1932 (Fußn. 236), auf den *Junker* sich weiter stützt, bezieht sich nicht auf Art. 65 GG, sondern die Rechtslage unter der Weimarer Verfassung. — Wie *Junker* noch *Herzog*, VVdStRL 24, 183 (189), ohne Begründnug.

[238] Sie wird zu Unrecht teilweise als h. M. bezeichnet (z. B. von *Herzog*, VVdStRL 24, 189). Die Diskussion um einen etwaigen Vorbehaltsbereich der Regierung auf Grund des Art. 65 GG dreht sich meist nur um die Frage der Bindung an einfache Parlamentsbeschlüsse (vgl. *Jesch*, Gesetz und Verwaltung, S. 95 f.; *Friesenhahn*, VVdStRL 16, 35 ff.; *Meder* in BK, Art. 65, Anm. II 2). Bei *Meder*, a.a.O., ist nur von „Entscheidungen" des Bundestags, nicht von Gesetzen die Rede. Die Bindung an formelle Gesetze wird wohl oft als

II. Schranken auf Grund des Gewaltenteilungsprinzips

vante Gesetze kaum gibt, bedeutet sie praktisch, die gesamte Gesetzgebung von der Billigung des Bundeskanzlers abhängig zu machen. Der Bundeskanzler erlangt auf diese Weise ein umfassendes Vetorecht, das ihm nach der Regelung des Gesetzgebungsverfahrens im Grundgesetz gerade nicht zusteht. Die heute wohl überwiegende Meinung hält deshalb mit Recht den Bundeskanzler für an alle verfassungsmäßig zustandegekommenen Gesetze gebunden, einerlei ob diese einen politischen oder — sofern es das gibt — unpolitischen Inhalt besitzen[239].

Darf das Parlament aber folglich auch Gesetze erlassen, die der Politik des Bundeskanzlers diametral widersprechen, etwa ein weitreichendes Sozialisierungsgesetz, obgleich die Wirtschaftspolitik des Bundeskanzlers auf einer prononciert liberalen Auffassung beruht, dann kann die Richtlinienkompetenz gegenüber der Legislative nur bewirken, daß sie dem Bundeskanzler in Fragen, die nach dem Kompetenzenschema des Grundgesetzes zum Bereich der Regierung gehören, die volle Entscheidungsfreiheit gewährt, das heißt ihn insbesondere vom Befolgen einschlägiger Empfehlungen und Beschlüsse der Volksvertretung, die keine Gesetzesform aufweisen, entbindet[240]. Das ist nicht überflüssig, da man möglicherweise aus dem die Gewaltenteilung überlagernden demokratischen Prinzip ansonsten etwas anderes herleiten könnte. Art. 65 GG sagt demnach nichts über die gegenständlichen Bereiche von Exekutiv- und Legislativgewalt aus. Er ist keine Kompetenznorm im Verhältnis dieser zwei Gewalten, sondern sichert nur die Ausübung der Befugnisse der einen Gewalt gegenüber sonst vielleicht möglichen Eingriffen der anderen ab.

Damit fehlt es an einem Gegensatz zwischen der Richtlinienkompetenz und der sonst in Einzelregelungen des Grundgesetzes erkennbaren Tendenz, die Entscheidung über besonders wichtige Grundsatzfragen beim Gesetzgeber zu konzentrieren. Diese Tendenz bleibt freilich zu

---

selbstverständlich vorausgesetzt. Das ist bei *Friesenhahn*, a.a.O. S. 36 Fußn. 70, besonders deutlich. Ausdrücklich für eine Bindung an formelle Gesetze die in Fußn. 239 Genannten.

[239] *v. Mangoldt-Klein*, Art. 65, Anm. III 3 c Abs. 1; *Hamann*, Art. 65, Anm. B 2; *Maunz*, BayVwBl. 56, 260 (261); *Sellmann*, Der schlichte Parlamentsbeschluß, S. 61; *Hoffmann*, Rechtsfragen der Währungsparität, S. 170 ff., letzterer insofern einschränkend, als er Gesetze für verfassungswidrig erklärt, die sich ausschließlich an den Bundeskanzler wenden, um diesen auf eine bestimmte Politik festzulegen. Ebenso *Hans Schneider*, Festschr. f. *Carl Schmitt*, S. 159 (171). Dem wird man zustimmen können. *Hoffmann* unterliegt freilich einem Zirkelschluß, wenn er die Maßgeblichkeit sonstiger politischer Gesetze für den Bundeskanzler aus Art. 20 Abs. 3 GG herleitet. Die Exekutive ist nach dieser Verfassungsnorm zwar an Gesetz und Recht gebunden. „Gesetz" ist dabei aber nur das verfassungsmäßige Gesetzesrecht, während es hier gerade darum geht, ob oder inwieweit politische Gesetze gegen Art. 65 GG verstoßen.

[240] *Hamann*, Art. 65, Anm. B 2.

diffus in ihren Konturen, um daraus einen zwingenden Schluß auf ein dem Grundgesetz immanentes und in seinen Grenzen exakt formulierbares Gewaltenteilungsmodell ableiten zu können. Andererseits kommt es in dem hier relevanten Zusammenhang auf die genauen Grenzlinien zwischen den drei Gewalten — sofern es sie überhaupt gibt — auch gar nicht an. Hier geht es nur darum, den *Kernbereich* der gesetzgebenden Gewalt[241] zu bestimmen. Dafür haben die bisherigen Überlegungen aber wesentliche Anhaltspunkte geliefert.

3. Die Grenzen des Kernbereichs der gesetzgebenden Gewalt

a) Kriterien

Einmal ergibt sich nach den bisherigen Überlegungen ein weniger juristischer als empirischer Ansatz. Vergleicht man die Auffassungen der oben erwähnten Autoren, die einem engeren als dem umfassenden positivistischen Gesetzesbegriff anhängen und dabei materielle Abgrenzungskriterien verwenden, so fällt auf, daß sie — wenn man von Sonderentwicklungen wie der Freiheits- und Eigentumsformel absieht — den Gesetzesbegriff fast durchweg auf sehr ähnliche Weise bestimmen[242]. Gesetze werden auf Regelungen des Grundsätzlichen, Allgemeinen, Wichtigen oder Dauerhaften beschränkt, also immer auf Normen, die für das Gesamtgemeinwesen besondere Bedeutung besitzen. Nun entspricht es zwar — mit gutem Grund — wissenschaftlicher Übung, Rechtsauffassungen nicht zu zählen, sondern zu wägen. Wenn in einer bestimmten Frage aber die überwiegende Zahl der Autoren von den unterschiedlichsten Grundpositionen ausgehend über Generationen hinweg zu ähnlichen Ergebnissen gelangt, so wird man darin wohl doch ein Indiz sehen können, daß hier ein Denkmodell vorliegt, das dem Phänomen in besonderer Weise gerecht wird und das einen Ansatzpunkt dafür bietet, in welcher Richtung die Antwort, hier also der Kern des Begriffs des Gesetzes und der gesetzgebenden Gewalt möglicherweise gesucht werden muß[243].

Der so gewonnene Hinweis wird durch die oben angestellten Überlegungen zum Rechtsstaats- und Demokratiegrundsatz[244] bestätigt. Diesen Prinzipien entspricht, wie festgestellt, am ehesten eine Aufteilung der Normsetzungskompetenzen zwischen Legislative und Exekutive: Der gesetzgebenden Gewalt mag zwar die Prärogative im gesamten Bereich der Normsetzung zustehen. Die gesetzgebende Gewalt

---

[241] Zur Kernbereichslehre im allgemeinen vgl. oben F II 1 a. E.
[242] Vgl. oben S. 47 ff.
[243] Vgl. *Popper*, Logik der Forschung, S. XVII f.
[244] Vgl. oben F II 2 b aa und bb.

soll hiervon aber jedenfalls nur in Fragen von allgemeinerer Bedeutung selbst Gebrauch machen und die Regelung von Details der sachlich mehr kompetenten ausführenden Gewalt delegieren. Auch hiernach liegt der Kernbereich der Gesetzgebung im Grundsätzlichen, Wichtigen, Dauerhaften und Allgemeinen.

Zum gleichen Ergebnis hat schließlich die Sichtung der Einzelregelungen des Grundgesetzes geführt. Formelle Gesetze sind immer da vorgesehen, wo es sich um bedeutsame Entscheidungen handelt. Ihre Wichtigkeit kann dabei zwar auf unterschiedlichen Gründen beruhen, es sind aber im wesentlichen dieselben Gesichtspunkte, wie sie bei der Erörterung der historischen Gesetzesbegriffe sowie des Rechtsstaatsprinzips und des demokratischen Prinzips genannt wurden: die grundlegende Bedeutung der Regelung für das gesamte Gemeinwesen, ihre Abstraktheit, Allgemeinheit und Dauerhaftigkeit. Damit besteht kaum mehr ein Zweifel: mit diesen Kriterien wird der Kernbereich der Legislative näher umschrieben.

Die genannten Topoi gestatten freilich mehr eine vage Andeutung dieses Kernbereichs als eine exakte Angabe seiner Grenzen. Es handelt sich nicht nur um unscharfe Begriffe, das was sie bezeichnen ist auch von ungleicher und wechselnder Relevanz. Schon die Durchsicht des Grundgesetzes hat gezeigt, daß eine Materie nicht alle genannten Kriterien zugleich erfüllen muß, um eine formell-gesetzliche Regelung zu rechtfertigen oder zu erfordern. Das wird etwa am Haushaltsgesetz oder an Sozialisierungsmaßnahmen nach Art. 15 GG deutlich, denen es weitgehend an Abstraktheit und Dauerhaftigkeit fehlt. Es ist daher nötig, bei den genannten Ansätzen eine Scheidung des Unverzichtbaren vom nur Symptomatischen zu versuchen.

b) *Das Merkmal der Bedeutsamkeit*

Unter den erwähnten Gesichtspunkten ragt derjenige der Bedeutsamkeit besonders hervor. Einige andere Kriterien scheinen nur dazu bestimmt, ihn näher zu konkretisieren. Das ist sowohl bei der Forderung nach Dauerhaftigkeit wie auch bei der nach „grundlegendem Charakter" der Maßnahme sehr deutlich[245]. Man wird daher annehmen müssen, daß zum Kernbereich der Gesetzgebung nur solche Materien gehören, die jedenfalls ein bestimmtes Maß an grundsätzlicher Bedeutung besitzen[246]. Damit stellen sich gleich zwei Fragen, nämlich wie man

---

[245] *Herbert Krüger*, Allgem. Staatslehre, S. 298, betrachtet die Dauer als Element des Merkmals der „Allgemeinheit". Auch er mißt ihr damit keine selbständige Bedeutung für die Bestimmung des Gesetzesbegriffs zu.

[246] Ähnlich bereits *Triepel*, Verh. d. 32. dt. Juristentags, S. 11 (25 f.), der allerdings nicht genügend zwischen dem Umfang der Delegation (weites oder

im Einzelfall das Maß der Bedeutsamkeit einer Materie feststellt und wo die entscheidende Bedeutsamkeitsschwelle liegt, bei der der Kernbereich der Gesetzgebung beginnt.

aa) Maßstäbe der Bedeutsamkeit

Für ersteres lassen sich nur schwer Kriterien finden. Ein logisch zwingendes Vorgehen ist hier — wie bei allen Wertungsfragen — nicht möglich. Es bieten sich aber zwei Gesichtspunkte an, die das Merkmal der „Bedeutsamkeit" konkretisieren.

An erster Stelle sind die inhaltlichen *Auswirkungen* der fraglichen Vorschrift zu nennen. Sie werden durch eine Vielzahl von Faktoren bestimmt. Dabei ragen die Schwere des Eingriffs beziehungsweise der Umfang der Begünstigung und die Zahl der Betroffenen besonders hervor. Das Festsetzen des Einkommensteuertarifs etwa hat eine ungleich höhere Regelungsintensität als das Bestimmen der für die Reblausbekämpfung maßgeblichen Termine. Zahlreiche weitere Gesichtspunkte können für eine geringe oder große inhaltliche Auswirkung einer Norm sprechen. Sie abschließend aufzuzählen ist weder möglich noch nötig.

Das zweite, nicht minder wichtige Kriterium für die „Bedeutsamkeit" einer Vorschrift ist die *Dauer* ihrer voraussichtlichen Geltung. Je kürzer beschränkt der Geltungszeitraum einer Norm ist, und je mehr sie sich an bloßen Bedürfnissen des Augenblicks orientiert, je mehr verliert sie in der Regel gegenüber einer inhaltsgleichen aber auf die Dauer angelegten Norm an Gewicht. Es ist ein Unterschied, ob die Regierung ermächtigt wird, aus konjunkturpolitischen Gründen bestimmte Steuern und Zölle für jeweils drei Monate neu zu bestimmen, oder ob ihr das gleiche Recht ohne zeitliche Beschränkung gewährt wird. Ein weiteres Beispiel macht dies noch klarer:

Die Ermächtigung zur endgültigen Neuregelung des gesamten Unehelichenrechts würde man — auch wenn alle Bestimmtheitserfordernisse des Art. 80 Abs. 1 Satz 2 GG erfüllt wären[247] — als unzulässigen Verzicht auf eine Materie aus dem Kernbereich der Gesetzgebung ansehen müssen. Denn es handelt sich hier um grundlegende Normen des Familien- und Erbrechts, von denen alle Bürger erfaßt werden können. Die Verfassungswidrigkeit einer solchen Delegation läge dagegen sehr viel weniger nahe, wenn es sich um eine Ermächtigung handelte, die

---

enges Gebiet) und ihrem sachlichen Gewicht unterscheidet. Vgl. hierzu oben S. 50 f. Vgl. weiter *Ehmke*, Wirtschaft und Verfassung, S. 77 f.; *Hesse*, Verfassungsrecht, S. 194 f.

[247] Vgl. oben S. 29.

II. Schranken auf Grund des Gewaltenteilungsprinzips 71

zwar inhaltsgleich, aber zeitlich eng begrenzt ist und die nur dazu dient, den Zeitraum bis zur Verabschiedung eines im Gesetzgebungsverfahren befindlichen Gesetzentwurfs zu überbrücken. Je kürzer also die Geltungsdauer einer Norm ist, je größere Anforderungen wird man an ihre Regelungsintensität stellen müssen, um sie zum Kernbereich der gesetzgebenden Gewalt zählen zu können.

bb) Die Bedeutsamkeitsschwelle

Die Ermittlung des Punktes, bei dem der unantastbare Bereich der Legislative beginnt, ist insofern nicht leicht, als das Grundgesetz die entscheidende Bedeutsamkeitsschwelle in den einzelnen staatlichen Funktionsbereichen teilweise verschieden hoch ansetzt. Während es etwa Eingriffe in Grundrechte oder sonstige Rechtspositionen des einzelnen ausnahmslos von einer gesetzlichen Grundlage abhängig macht und für den jährlichen Haushaltsplan sogar jeweils ein spezielles Bundesgesetz fordert, zieht es im Bereich der auswärtigen Gewalt die Mitwirkungserfordernisse der Volksvertretung viel enger[248]. Auch für den Fall des staatsrechtlichen Notstands werden die Zuständigkeiten zugunsten der Exekutive verschoben[249]. In solchen Regelungen liegt eine Wertung, die auch bei der Interpretation des Gewaltenteilungsschemas berücksichtigt werden muß. Sie führt dazu, etwa auf dem Gebiet der auswärtigen Angelegenheiten besonders große Anforderungen an die Bedeutsamkeit einer Materie zu stellen, ehe es möglich ist, sie zum Kernbereich der Legislative zu zählen. Im Sektor der auswärtigen Gewalt würde man deshalb außer den in Art. 59 Abs. 2 GG genannten Verträgen höchstens so elementare Entscheidungen wie diejenige über die Anerkennung der DDR beziehungsweise der Oder-Neiße-Grenze zum Kernbereich des Parlaments rechnen können.

Wo derartige Spezialvorschriften fehlen, bleibt nur übrig, sich an der aus dem demokratischen Prinzip folgenden Führungsrolle des Parlaments zu orientieren. Dabei wäre es freilich verfehlt, die eigene demokratische Legitimation der übrigen Gewalten zu übersehen. Wesentlicher Inhalt der parlamentarischen Führungsaufgabe ist es, die Grundlagen der politischen und rechtlichen Ordnung des Gemeinwesens zu gestalten[250]. Man wird zum Kernbereich der Gesetzgebung daher alle Maßnahmen rechnen müssen, die als Leitlinienentscheidungen grundlegende Fragen des Staates betreffen[251], mögen diese innen- oder außenpoli-

---

[248] Vgl. oben S. 65.
[249] Vgl. Art. 115 f, 115 i, 115 k Abs. 1 GG.
[250] Vgl. oben F II 2 b bb.
[251] So auch *Ehmke*, Wirtschaft und Verfassung, S. 77 f.

tischer, sozialer, wirtschaftlicher oder weltanschaulicher Art sein[252]. Über solche Leitlinien geht der unantastbare Bereich der Legislative aber auch nicht hinaus. Die — wenngleich mindere — eigene demokratische Legitimation der übrigen Gewalten[253] verhindert nicht nur eine absolute Herrschaft des Parlaments über die Exekutive. Sie nimmt der Exekutive auch gegenüber dem Parlament den von grundauf wesensverschiedenen Charakter, der im konstitutionellen Staat noch bestand[254] und der es allein rechtfertigen könnte, eine Übertragung von Zuständigkeiten in noch weiterem Umfang unzulässig zu machen.

cc) Angelegenheiten von lokaler Bedeutung

Diese Beschränkung auf Leitlinienentscheidungen wirft die Frage auf, ob in den Kernbereich der Gesetzgebung nur Angelegenheiten von solch grundlegender Bedeutung für das Gesamtgemeinwesen fallen, oder ob es unter Umständen ausreicht, wenn der Regelungsgegenstand eine entsprechende örtliche Bedeutung besitzt. Gegen letzteres spricht die verfassungsmäßige Aufgabe des Gesetzgebers, die Leitlinien der Rechtsordnung des Staatsganzen zu gestalten[255]. Zu diesen Leitlinien gehören bloß lokale Angelegenheiten im Regelfall nicht. Das gilt grundsätzlich auch dann, wenn ihnen im örtlichen Bereich große Wichtigkeit zukommt, wie etwa der Neuregelung der Verkehrsverhältnisse in einem Ballungsgebiet. Vom Gesamtgemeinwesen her gesehen handelt es sich auch hierbei um untergeordnete Dinge. „Lokale Bedeutung" darf andererseits nicht mit „lokalen Auswirkungen" gleichgesetzt werden. Auch eine Maßnahme, die unmittelbar nur örtliche Umstände betrifft, kann für den gesamten Staat elementare Bedeutung besitzen. Der Küstenschutz etwa oder die Verteidigung eines begrenzten Teils des Bundesgebiets sind hierfür Beispiele.

c) Die Merkmale der Abstraktheit und Allgemeinheit

Es bleibt zu klären, ob den Merkmalen der „Abstraktheit" und „Allgemeinheit", die für den hier verwendeten Rechtssatzbegriff konstitutiv sind[256], neben dem der „Bedeutsamkeit" ein selbständiges Gewicht auch

---

[252] Zum Begriff der polit. Grundlagenentscheidung vgl. *Loewenstein*, Verfassungslehre, S. 40 ff.
[253] Vgl. oben F II 2 b bb.
[254] Die Exekutive wurde hier nicht vom Parlament, sondern vom Monarchen bestellt, der selbst an ihrer Spitze stand und dem alle Angehörigen der Exekutive allein verantwortlich waren. Vgl. Art. 6 ff., insbes. 11 ff. der deutschen Reichsverfassung von 1871.
[255] Vgl. oben F II 2 b bb.
[256] Vgl. oben Fußn. 201.

II. Schranken auf Grund des Gewaltenteilungsprinzips 73

bei der Bestimmung des Kernbereichs der gesetzgebenden Gewalt zukommt, das heißt, ob sich der Kernbereich der Gesetzgebung auf Akte der Normsetzung beschränkt.

Beide Begriffe haben in der Diskussion um den Gesetzesbegriff seit jeher eine große Bedeutung[257]. Trotzdem ist nicht nur ihre Relevanz unklar geblieben. Die Literatur macht auch von beiden Begriffen einen terminologisch recht unterschiedlichen Gebrauch. Überwiegend wird die „Abstraktheit" auf den zu regelnden Sachverhalt und die „Allgemeinheit" auf den Kreis der angesprochenen Personen bezogen[258]. Die Forderung nach Abstraktheit und Allgemeinheit läuft damit — wenn sie zum Essentiale des Gesetzesbegriffs erhoben wird — auf den Ausschluß von Einzelfall- beziehungsweise Einzelpersonengesetzen hinaus[259], und sie impliziert dann zugleich eine Beschränkung der Legislative auf den Erlaß von Rechtsnormen. Es fragt sich aber durchaus, ob in den Bereich der Gesetzgebung nur Rechtsnormen im Sinne abstrakt-allgemeiner Anordnungen fallen, oder ob die inhaltliche Intensität einer Einzelmaßnahme nicht so groß sein kann, daß man sie sogar dem unverzichtbaren Kernbereich der gesetzgebenden Gewalt zurechnen muß, mit der Folge, daß sie nur entweder mit Zustimmung des Parlaments oder unmittelbar durch Gesetz ausgeführt werden kann.

Die grundsätzliche Zulässigkeit von Einzelfallgesetzen läßt sich kaum noch bezweifeln. Auch heute wird zwar die Abstraktheit und Allgemeinheit der Regelung noch überwiegend zu den Elementen des Gesetzesbegriffs gezählt[260], doch meist nicht mehr im Sinne einer conditio sine qua non. Das Grundgesetz verbietet Einzelfallgesetze in Art. 19

---

[257] Zur älteren Literatur vgl. *Haenel*, Das Gesetz im formellen und materiellen Sinne, S. 124 ff.; *Thoma*, HDStR, Bd. 2, S. 126 Fußn. 42 und S. 147 ff.; *Neumann*, ZStW, 109, 25 (29 ff.); *Volkmar*, Allgemeiner Rechtssatz und Einzelakt, S. 24 ff.; *Kopp*, Inhalt und Form der Gesetze, S. 89 ff. und insbes. S. 383 ff. sowie S. 407 ff.

[258] Das gilt jedenfalls für die mehr juristisch-dogmatische Literatur, die den Begriff der Allgemeinheit formal interpretiert. Vgl. *Jesch*, Gesetz und Verwaltung, S. 13 mit weit. Nachw.; *H. J. Wolff*, Verwaltungsrecht I, § 24 II; *Hoffmann*, Rechtsfragen der Währungsparität, S. 39; *Hans Schneider*, Festschrift f. Carl Schmitt, S. 159 (160); *Schaumann*, JZ 66, 721 (722 ff.); *Hildegard Krüger*, DVBl. 55, 758 (760 ff.). — Im mehr rechtsphilosophisch orientierten Schrifttum wird der Begriff der Allgemeinheit dagegen teilweise in einem sehr viel umfassenderen Sinne verwendet, der materielle Kriterien mit einschließt. Bei *Hollerbach*, VVdStRL 24, 233, etwa sind das die Momente des Richtungweisenden und Grundlegenden. Für *Herbert Krüger* ist Allgemeinheit gleichbedeutend mit Verallgemeinerungsfähigkeit und als solche „Bewirkerin der Vernünftigkeit und Richtigkeit des Gesetzes" (Allg. Staatslehre, S. 306 f.). Wegen der Einzelheiten vgl. *Herbert Krüger*, a.a.O., S. 296 ff.

[259] Vgl. *Carl Schmitt*, Verfassungslehre, S. 154 f.; *Hans Schneider*, Festschr. f. Carl Schmitt, S. 159 ff.; *Schaumann*, JZ 66, 721 (722 ff.).

[260] Etwa *Maunz*, Dt. Staatsrecht, § 10 II 3 c; *H. J. Wolff*, Verwaltungsrecht I, § 24 II; *Schaumann*, JZ 66, 721 (722 ff.).

Abs. 1 GG nur insoweit, als es um die Beschränkung von Grundrechten geht. Im übrigen sind sie nach der heute überwiegenden Meinung[261], der sich in seiner Rheinstahl-Entscheidung auch das Bundesverfassungsgericht angeschlossen hat[262], prinzipiell möglich[263].

Das erscheint zutreffend, ganz gleich ob man Individualgesetze als Rechtsnormen oder als „Verwaltungsakte" in Gestalt eines formellen Gesetzes betrachtet. Das Verdikt über Einzelfallgesetze entstammt dem bürgerlichen Rechtsdenken des 19. Jahrhunderts[264]. Es beruht wesentlich auf der Überlegung, daß nur so die Rechtsgleichheit gewährleistet[265] und ein Schutzwall gegen die Willkür des Gesetzgebers errichtet sei[266]. Dieser Gesichtspunkt hat seine Relevanz weitgehend eingebüßt, seit die Bindung des Gesetzgebers an materielle Grundrechte feststeht und deshalb auch Individualgesetze unmittelbar am Gleichheitssatz und anderen Grundrechten überprüft werden können.

Auch der Gewaltenteilungsgedanke wird durch Einzelfallgesetze nicht in jedem Fall verletzt. Die bisherigen Untersuchungen haben ergeben, daß die entscheidende Funktion der gesetzgebenden Gewalt, das heißt des parlamentarischen Gesetzgebers, nicht in der Normsetzung schlechthin, sondern im Statuieren der Leitlinien für die Ordnung des staatlichen Gesamtgemeinwesens liegt. Solche Leitlinien sind aber nicht nur in Gestalt formell-abstrakter Maßnahmen möglich. Grundlegende Regelungen verdanken ihren prinzipiellen Charakter zwar oft der Tatsache ihrer Abstraktheit, denn je allgemeiner eine Regelung ist, je mehr Sachverhalte werden von ihr erfaßt. Auch ganz konkrete Maßnahmen können aber die Grundlagen der staatlichen Ordnung entscheidend gestalten. Soweit dies zutrifft, wird man sie deshalb der Prärogative der gesetzgebenden Gewalt zurechnen müssen[267].

---

[261] BayVerfGH, BayVwBl. 65, 379 (380); *Hesse*, Verfassungsrecht, S. 188 Fußn. 3; *Forsthoff*, Verwaltungsrecht, § 17 (S. 316); *Herbert Krüger*, Allg. Staatslehre, S. 296 ff. und 626; *Brinkmann*, Grundrechtskommentar, Art. 20 Anm. I 5 c (S. 18); *Vogel*, VVdStRL 24, 125 (166 f.); *Hildegard Krüger*, DVBl. 55, 758 (760 ff., insbes. 762); *Ehmke*, Wirtschaft und Verfassung, S. 63 ff., 67 ff.; *Dahm*, Deutsches Recht, S. 310 f.

[262] BVerfGE 25, 371 (398). — In früheren Entscheidungen hatte sich das BVerfG mehrfach auf die Feststellung beschränkt, daß im konkreten Fall kein Individualgesetz vorliege. Die jeweils hierfür gegebene, manchmal umfangreiche Begründung erweckt den Eindruck, als habe das Gericht solche Gesetze damals nicht für verfassungsmäßig gehalten, vgl. BVerfGE 7, 129 (150 f.) und 10, 234 (242 ff.).

[263] Anscheinend a. A. *Scheuner*, Juristentagsfestschrift, Bd. 2 S. 229 (232), der die Elemente der Allgemeinheit und Dauer für unentbehrlich hält. Zweifelnd auch StGH BadWttbg, BWVwBl. 59, 185 f.

[264] *Forsthoff*, Verwaltungsrecht, § 1, 1 (S. 9).

[265] *Nawiasky*, Allg. Rechtslehre, S. 72; *Carl Schmitt*, Verfassungslehre, S. 154 f.

[266] *Carl Schmitt*, Verfassungslehre, S. 139, 142.

[267] Dasselbe gilt für Regelungen, die zwar abstrakt und allgemein sind,

II. Schranken auf Grund des Gewaltenteilungsprinzips

Als Grundsatz ist deshalb daran festzuhalten, daß nicht die vorhandene oder fehlende Abstraktheit beziehungsweise Allgemeinheit einer Maßnahme über ihre Zugehörigkeit zum Kernbereich der Legislative entscheidet, sondern nur ihre Eigenschaft als grundlegende Leitlinie der staatlichen Ordnung. Letzteres kann zwar, braucht aber nicht auf der Abstraktheit beziehungsweise Allgemeinheit der Regelung zu beruhen.

Das Grundgesetz hat einzelne Fälle, in denen es an der Abstraktheit fehlt, ausdrücklich normiert, es sei nur an den Haushaltsplan (Art. 110 Abs. 2 GG), den bereits erwähnten Abschluß bestimmter völkerrechtlicher Verträge (Art. 59 Abs. 2 GG) oder Sozialisierungen nach Art. 15 GG erinnert. Nach der hier vertretenen Auffassung handelt es sich dabei nicht um „Durchbrechungen" des Gewaltenteilungsprinzips, wie oft gesagt wird, sondern um Musterfälle von singulären Maßnahmen, die wegen ihrer überragenden Bedeutung für das Gesamtgemeinwesen zum Kernbereich der Legislative gehören[268].

Wie sehr eine solche Gewaltenabgrenzung, die sich weniger an formellen als an materiellen Funktionsmerkmalen orientiert, den Bedürfnissen der Praxis entgegenkommt, wird durch bestimmte Entwicklungstendenzen seit Inkrafttreten des Grundgesetzes bestätigt. Die zunehmende Zahl der Maßnahmegesetze ist in diesem Lichte zu sehen[269]. Ebenso gehört hierher aber auch die wachsende und entsprechenden Forderungen der Parlamente entgegenkommende Neigung der Regierungen in Bund und Ländern, bei sehr kostspieligen oder sonst wichtigen Entscheidungen die Zustimmung des Parlaments einzuholen, auch wenn es sich formell um rein exekutorische Maßnahmen handelt. Deutlichstes Beispiel hierfür ist der Ankauf bestimmter Modelle von Rüstungsgütern mit haushaltsmäßig bereits zur Verfügung stehenden Mitteln[270].

---

aber keine Rechtsnorm darstellen. *Herzog*, VVdStRL 24, 205, bejaht daher zu Recht ein Monopol des Parlaments für staatsleitende Akte im Bereich der zentralen Planung. Er leitet dies allerdings nicht unmittelbar aus dem Gewaltenteilungsprinzip her, sondern aus einer Analogie zu Art. 59 Abs. 2 GG, der zu einer Zeit entstanden sei, in der man die Außenpolitik noch als die Politik par excellence angesehen habe, während heute die völkerbewegende Politik ebenso in den Stäben der Sozialplaner gemacht werde. Ähnlich bereits *Thieme*, DÖV 62, 77 f. und JZ 64, 81 f., generell für Angelegenheiten von besonderer politischer Bedeutung. Dagegen stützt sich *Ossenbühl*, AöR 92, 31, offensichtlich auf das Gewaltenteilungsprinzip, wenn er die grundsätzliche Regelung aller wichtigen Gemeinschaftsangelegenheiten auch bei Fehlen eines ausdrücklichen Gesetzesvorbehalts der Legislative zuweist und deshalb insoweit Verwaltungsvorschriften für unzulässig erklärt.

[268] Vgl. *Hesse*, Verfassungsrecht, S. 189.
[269] Vgl. *Forsthoff*, Verwaltungsrecht, § 1, 1 (S. 9 f.).
[270] Hier ist etwa die Beschaffung von 88 Phantom-Düsenjägern zu nennen, der der Verteidigungsausschuß des Bundestags am 24. 10. 1968 seine Zu-

76   F. Inhaltliche Grenzen

Gegen ein solches Vorgehen bestehen allerdings nur dann keine Bedenken, wenn es sich wirklich um Grundlagenentscheidungen handelt. Das läßt sich kaum bei allen bisherigen Maßnahmegesetzen und Beschaffungsgeschäften der angegebenen Gattung bejahen[271]. Soweit das nicht der Fall ist, liegt nicht nur ein Verstoß gegen das Gewaltenteilungsprinzip vor. Es ergeben sich, und zwar in verstärktem Maße, auch die oben gegenüber einer umfassenden Rechtsetzung durch die Legislative geäußerten sonstigen Bedenken[272].

d) Fließende Grenzen

Zusammenfassend läßt sich damit feststellen, daß zum Kernbereich der Gesetzgebung, in dem eine Delegation von Rechtsetzungsbefugnissen und damit auch die Subsidiarität von Gesetzen hinter Verordnungen nicht möglich ist, alle Regelungen von grundsätzlicher Bedeutung für das Gesamtgemeinwesen im Sinne von Leitlinienentscheidungen für die staatliche Ordnung gehören. Das Maß der Bedeutsamkeit einer Materie wird dabei von den inhaltlichen Auswirkungen der Regelung und ihrer Geltungsdauer bestimmt. Das Vorliegen einer Leitlinienentscheidung andererseits kann sich mit aus der Abstraktheit und Allgemeinheit der Anordnung ergeben. Auch ganz konkrete Maßnahmen können aber auf Grund ihrer weitreichenden Auswirkungen Leitliniencharakter besitzen.

---

stimmung erteilte, vgl. FAZ v. 25. 10. 1968, S. 1. Es ging dabei um ein Auftragsvolumen von gut zwei Milliarden Mark. Weitere Beispiele für eine Mitwirkung des Verteidigungsausschusses bei solchen Geschäften sind seine Zustimmung zur Beschaffung von 135 Sikorski-Hubschraubern im Gesamtwert von etwa 1,4 Milliarden Mark am 27. 6. 1968 (vgl. FAZ v. 28. 6. 1968) und vier Langstreckentransportflugzeugen im Wert von ca. 70 Millionen Mark am 10. 5. 1967 (vgl. FAZ v. 11. 5. 1967) sowie von vier Flugabwehrkorvetten für die Bundesmarine am 13. 10. 1966 (vgl. FAZ v. 14. 10. 1966).

[271] Auch dem vom Auswärtigen Ausschuß des Bundestags beanspruchten Mitspracherecht bei Waffenlieferungen ins Ausland, das seit dem Abbruch der arabisch-deutschen Beziehungen wegen Panzer-Lieferungen an Israel geltend gemacht wird, erscheint das sehr fraglich. Vgl. dazu *Gillessen*, FAZ v. 17. 2. 1969, S. 1.

[272] Vgl. oben S. 56 ff., insbes. 61 f. Vgl. weiter *Gillessen*, FAZ v. 17. 2. 1969, S. 1, der vor allem die Kontrollaufgabe der Legislative durch eine solche Teilhabe an den zu kontrollierenden Entscheidungen der Exekutive gefährdet sieht. Auch *Gillessen* wendet sich aber nicht gegen jede Mitwirkung des Parlaments bei der Vergabe von Milliardenbeträgen durch den Verteidigungsminister. Er möchte die Mitwirkung nur auf den grundsätzlichen Teil der Entscheidung beschränkt sehen, etwa die allgemeine Zustimmung zur Ablösung bestimmter veralteter Waffensysteme oder Schließung bestimmter Lücken der Rüstung, also zur Anschaffung neuer Panzer, Flugzeuge oder Schiffe. Dagegen will er die Auswahl eines bestimmten Waffentyps (etwa Phantom-Jäger oder Starfighter) der Exekutive überlassen und dem Verteidigungsausschuß insoweit höchstens ein Informations- und Anhörungsrecht zugestehen, um die spätere parlamentarische Kontrolle der Entscheidung nicht zu gefährden.

Gegen die so vorgenommene Umschreibung des Kernbereichs der gesetzgebenden Gewalt kann man sicherlich einwenden, daß sie eine zwingende Subsumtion des Einzelfalls nicht gestattet. Es fragt sich aber, ob eine solche Sicht der Gewaltenteilungsproblematik gerecht wird. Die Gewaltenteilung stellt — auch in ihrer konkreten Ausprägung unter dem Grundgesetz — kein statisches System dar, das nur einmal in seinen Dimensionen erkannt zu werden braucht, um dann für alle Zeiten zu gelten. Die Gewaltenteilung ist vielmehr ein dynamischer Gedanke, dessen Inhalt sich wandelnden Zeitläufen anpassen muß. Eine fortschreitende Entwicklung kann sich aber nur da organisch vollziehen, wo die Dogmatik der Kasuistik genügend Raum läßt. Damit soll nicht gesagt werden, eine weitere Konkretisierung des Kernbereichs der Gesetzgebung sei nicht wünschenswert oder nicht möglich. Man darf aber von solchen Bemühungen kein Ergebnis erwarten, das ein für allemal gilt und auch noch zu logisch eindeutigen Subsumtionsergebnissen führt[273]. Es gehört zu den wesentlichsten Funktionen der Rechts*anwendung*, derartige unbestimmte Rechts- und Verfassungsgrundsätze im konkreten Fall durch wertende Entscheidung mit Leben zu füllen[274]. Die relative Unsicherheit der hier gezogenen Grenze um den Kernbereich der Legislative läßt sich daher nicht nur als Negativum begreifen.

III. Anwendung der ermittelten Schranken in konkreten Fällen

Mit der Eingrenzung des Kernbereichs der gesetzgebenden Gewalt ist die entscheidende inhaltliche Schranke für verordnungssubsidiäre Gesetze gewonnen. Wo eine Delegation von Rechtsetzungsbefugnissen ausscheidet, können auch gesetzliche Vorschriften keine Wirkung entfalten, die eine Subsidiarität des Gesetzes hinter Verordnungsrecht vorsehen. Andere Schranken, die über diese, für jede Delegation geltende Grenze hinausgehen und verordnungssubsidiäre Gesetze in noch weitergehendem Umfang verbieten könnten, sind nicht zu erkennen. Es bleibt nur festzustellen, wie sich die hier versuchte Grenzziehung in ihrer Applikation auf konkrete Fälle bewährt.

Dabei kann es sich nicht darum handeln, die gesamte unübersehbare Ermächtigungspraxis auf ihre inhaltliche Vereinbarkeit mit dem Grundgesetz zu untersuchen. Es ist auch nicht möglich, den Weg einer syste-

---

[273] So mit Recht *Ehmke*, Wirtschaft und Verfassung, S. 77.
[274] *Leisner*, DÖV 69, 405 (408), hält demgegenüber im Bereich des Staatsorganisationsrechts jede Wertung für „begrifflich unmöglich". Doch erscheint die Vorstellung, daß Recht wertungsfrei angewandt werden könne, heute kaum noch vertretbar. Das gilt auch für „formelles" Recht wie das Prozeßrecht oder eben das staatliche Organisationsrecht. Es sei nur an organisatorische Generalklauseln wie Art. 65 Satz 1 und Art. 72 Abs. 2 GG erinnert.

matisierenden Gruppenbildung zu beschreiten, wie er bei der Überprüfung der — zahlenmäßig begrenzten — rechtstechnischen Gestaltungsformen untergesetzlicher Gesetzesänderung gewählt werden konnte. Die Vielfalt der in verordnungssubsidiären Gesetzen geregelten Materien läßt eine solche Zusammenfassung in wenige Gruppen, an welche dann die gewonnenen Maßstäbe angelegt werden könnten, kaum zu. Möglich ist nur, die ermittelten Kriterien an insoweit zufälligen Beispielen aus der Gesetzgebungspraxis zu erproben. Es bieten sich hierfür die oben vor allem im Hinblick auf ihre rechtstechnische Gestaltungsform ausgewählten Vorschriften an.

Keine Probleme bereitet § 5 des Gesetzes über eine Geflügelstatistik vom 29. 3. 1969[275], der den Bundesminister für Landwirtschaft und Forsten ermächtigt, durch Rechtsverordnung zu bestimmen, daß gewisse statistische Erhebungen in größeren als den gesetzlich vorgesehenen Abständen durchgeführt werden. Hier geht es vom Staatsganzen her gesehen nicht um eine Maßnahme von grundlegender, sondern durchaus untergeordneter Bedeutung. Die Wichtigkeit der Materie, die Intensität der Regelung und die Zahl der betroffenen Personen sind verhältnismäßig gering. Dasselbe gilt für die oben erwähnten Ermächtigungen zum Ändern der Zuständigkeiten nach dem Bundesbaugesetz, zur Regelung des grenzüberschreitenden Verkehrs abweichend vom Personenbeförderungsgesetz oder zur lokal und zeitlich begrenzten Änderung der Ladenschlußzeiten[276].

Die Ermächtigungen zum Ändern der Einfuhrliste nach dem Außenwirtschaftsgesetz, der Kriegswaffenliste nach dem Kriegswaffengesetz und des deutschen Zolltarifs[277], die oben als verfassungswidrig bezeichnet wurden, weil sie die Änderung des Gesetzeswortlauts gestatten, verursachen hinsichtlich des sonstigen Ermächtigungsinhalts keine Bedenken. Es handelt sich in allen drei Fällen jeweils um Detailfragen von beschränkter Wichtigkeit für das Staatsganze.

Nicht so eindeutig ist die inhaltliche Verfassungsmäßigkeit der in formeller Hinsicht einwandfreien Ermächtigung zur gebietsweisen Aufhebung des Mieterschutzes in §§ 3 c bis 3 e des Mieterschutzgesetzes vom 23. 6. 1960[278]. Hier geht es um eine wirtschaftlich und sozialpolitisch wichtige Maßnahme, die für die Normadressaten vielfach schwerwiegende Auswirkungen hat und die zudem einen erheblichen Teil der Bevölkerung unmittelbar trifft. Das Außerkraftsetzen der Wohnraumbewirtschaftung erfolgt dabei sogar auf die Dauer. Es liegt daher eine

---

[275] BGBl. I S. 388.
[276] Vgl. oben A III 1 b.
[277] Vgl. oben A III 1 a.
[278] BGBl. I S. 418.

III. Anwendung der ermittelten Schranken in konkreten Fällen 79

bedeutsame Maßnahme im Sinne der oben aufgezeigten Abgrenzung vor. Die Entscheidung, den Mieterschutz aufzuheben, hat darüber hinaus Leitliniencharakter, da sie zu einer völligen Neugestaltung der für ein wichtiges Rechtsgebiet maßgeblichen Grundsätze führt. Andererseits wird diese Entscheidung durch die Delegationsnorm aber nicht in das Ermessen der Behörde gestellt, sondern sie ist bereits im Wohnraumbewirtschaftungsgesetz endgültig getroffen. Dieses Gesetz legt genau fest, unter welchen Umständen die Wohnraumbewirtschaftung aufgehoben werden muß. Soweit es dem Verordnungsgeber dabei einen Spielraum beläßt[279], ist er verhältnismäßig gering. Die jeweilige Verordnung dient daher auch in diesen Fällen nur der Ausführung des Gesetzesbefehls und hat infolgedessen nicht selbst den Charakter einer Leitlinienentscheidung. Die Ermächtigung zum Aufheben des Mieterschutzes verletzt deshalb nicht den Kernbereich der Legislative.

Zweifelhafter sind die Ermächtigungen des § 1 Verkehrssicherstellungsgesetz[280], wonach praktisch das gesamte Verkehrswesen zur Sicherung der Verteidigung und der Versorgung der Zivilbevölkerung durch Rechtsverordnung abweichend von bestehendem Gesetzesrecht geregelt werden kann. Es geht hier um die Gestattung von weitreichenden Eingriffen, die einen großen Teil des Volks unmittelbar berühren. Andererseits sind die auf Grund der Ermächtigung zu erlassenden Rechtsverordnungen in ihrer Geltung gesetzlich auf die Zeit des Spannungsfalls im Sinne von Art. 80 a GG beschränkt[281]. Sie betreffen also recht singuläre Umstände. Berücksichtigt man weiter, daß sich für Notstandsregelungen die Grenze des Kernbereichs der Legislative zugunsten der Exekutive verschiebt[282], so erscheint die delegierte Materie nicht von so grundlegender Bedeutung, daß man sie dem unverzichtbaren Kernbereich der gesetzgebenden Gewalt zurechnen müßte.

Besonders schwerwiegende Bedenken ergeben sich aber gegen die erwähnte Ermächtigung in § 51 Einkommensteuergesetz[283]. In Abs. 3 wird dort der Bundesregierung gestattet, den Einkommensteuersatz durch Rechtsverordnung aus konjunkturpolitischen Gründen um bis zu 10 % zu erhöhen oder zu senken. Schon vom Zweck der Ermächtigung, die eine nachhaltige Beeinflussung des gesamten Wirtschaftsgeschehens ermöglichen soll, liegt hier eine grundlegende Regelung mit Leitliniencharakter vor. Die inhaltlichen Auswirkungen der ermög-

---

[279] Etwa in § 3 e Wohnraumbewirtschaftungsgesetz, der eine vorzeitige Aufhebung der Wohnraumbewirtschaftung ermöglicht.
[280] Vgl. oben A III 1 b a. E.
[281] So § 2 Abs. 3 Verkehrssicherstellungsgesetz.
[282] Vgl. oben F II 3 b bb.
[283] In der Fassung von § 26 Nr. 3 b des Stabilitätsgesetzes vom 8. 6. 1967, BGBl. I S. 582 (586).

lichten Änderung des Steuersatzes sind beträchtlich. Es werden davon, zumindest mittelbar, alle im Staat ansässigen Personen betroffen. Der einzige Grund, der es rechtfertigen könnte, eine solche Vorschrift nicht zum Kernbereich der Legislative zu zählen, ist ihre zeitliche Begrenzung in der Ermächtigungsnorm.

Man muß freilich fragen, ob die vorgesehene Höchstgeltungsdauer der Maßnahmen von einem Jahr die Grenze des Zulässigen nicht schon überschreitet. Eine Antwort darauf läßt sich nur im Wege der Abwägung finden. Dabei fällt wesentlich ins Gewicht, daß ein beträchtliches Bedürfnis für derartige Ermächtigungen besteht. Eine wirksame staatliche Konjunkturpolitik setzt die Möglichkeit schnellen Eingriffs in das Wirtschaftsleben voraus, der im Wege der formellen Gesetzgebung oft nicht gewährleistet ist. Andererseits wird diesem Bedürfnis schon durch eine Ermächtigung zu verhältnismäßig kurz befristeten Rechtsverordnungen Rechnung getragen. Sind länger dauernde Steuerungsmaßnahmen nötig, können sie rechtzeitig vor Ablauf der Verordnung auf eine gesetzliche Grundlage gestellt werden.

Eine genaue Abgrenzung des angemessenen Zeitraums für eine Regelung durch die Exekutive ist allerdings nur schwer möglich. Man wird dabei einmal berücksichtigen müssen, daß sich das ordentliche Gesetzgebungsverfahren normalerweise über mehrere Monate hinzieht. Eine Delegation ist daher nur sinnvoll, wenn sie zumindest diesen Zeitraum überbrückt. Zum anderen fällt der voraussichtliche Geltungszeitraum der Regelung ins Gewicht. Je weniger dieser die normaler Dauer des förmlichen Gesetzgebungsverfahrens überschreitet, desto kürzer wird der Zeitraum, der für die Geltung des die Verordnung ablösenden Gesetzes verbleibt. Da eine allzu häufige Änderung von Gesetzen wegen deren Leitliniencharakter aber nicht wünschenswert ist, erscheint eine formell-gesetzliche Regelung nur da angebracht, wo die betreffenden Vorschriften wesentlich länger in Kraft bleiben sollen, als das Gesetzgebungsverfahren dauert. Absolute Zeiten lassen sich hier nicht nennen. Was angemessen ist, hängt wesentlich auch vom Gewicht der Regelung im Einzelfall ab. Je größer dies ist, desto eher erscheint eine formell-gesetzliche Normierung notwendig.

Konjunkturlenkende Maßnahmen von der in § 51 Abs. 3 Einkommensteuergesetz vorgesehenen Art bleiben nun häufig nicht länger als ein Jahr in Kraft. Eine Beschränkung des dort statuierten höchsten Geltungszeitraums auf wenige Monate mit nachfolgender entsprechender Änderung des Einkommensteuergesetzes hätte deshalb zur Folge, daß regelmäßig schon nach wenigen weiteren Monaten eine erneute Änderung des Einkommensteuergesetzes notwendig würde. Das aber erscheint als ein vom Gewaltenteilungsprinzip nicht gebotener Aufwand, besonders wenn man berücksichtigt, daß hier das sachliche Gewicht der

III. Anwendung der ermittelten Schranken in konkreten Fällen

delegierten Regelung insofern begrenzt ist, als sich die Ermächtigung zum Ändern des Steuersatzes auf höchstens 10 % nach unten und oben beschränkt. Man wird daher annehmen müssen, daß § 51 Abs. 3 Einkommensteuergesetz den Kernbereich der gesetzgebenden Gewalt noch nicht verletzt[284].

Die vorstehenden Überlegungen haben deutlich gemacht, daß die aufgezeigten Schranken des Kernbereichs der gesetzgebenden Gewalt trotz ihrer notwendigen Unschärfe wesentliche Hilfen für die Bewertung konkreter Delegationsnormen bieten. Sie sind daher geeignet, als Grenzen delegierter Rechtsetzung überhaupt und damit auch als Schranken für verordnungssubsidiäre Gesetze zu dienen.

---

[284] Ebenso im Ergebnis *Stern* in *Stern-Münch*, Stabilitätsgesetz, § 26, Anm. IX (S. 196 ff.). In den Ausschüssen des Bundestags bestanden insoweit bei der Beratung des Stabilitätsgesetzes erhebliche Bedenken, weil man annahm, daß die Steuergesetzgebung zu den unveräußerlichen Kompetenzen des Parlaments gehöre. Diesen Bedenken versuchte man Rechnung zu tragen, indem Verordnungen auf Grund der Ermächtigung gemäß § 51 Abs. 3 Satz 2 von der Zustimmung des Bundestags abhängig gemacht wurden. Vgl. BT-Drucks. zu V/1678 S. 5; *Alex Möller*, Stabilitätsgesetz, § 26 Nr. 3 b, Rdnr. 1. — Es fragt sich allerdings, ob dieses Zustimmungserfordernis ausreichen würde, wenn die Materie wirklich in den Kernbereich des parlamentarischen Gesetzgebers fiele. Nach BVerfGE 8, 274 (319 ff., insbes. 322 f.) sind an Ermächtigungen zu sogenannten „Zustimmungsverordnungen" grundsätzlich die gleichen Anforderungen wie an Ermächtigungen zu sonstigen Rechtsverordnungen zu stellen.

Leitsätze

1. Der nachkonstitutionelle Gesetzgeber hat der Exekutive in weitem Maße Ermächtigungen erteilt, durch einfache Rechtsverordnung gesetzliche Regelungen zu ändern.
2. Soweit diese Ermächtigungen die Änderung des Gesetzeswortlauts gestatten, verstoßen sie gegen das Rechtsstaatsprinzip.
3. Soweit sie nur den Erlaß von Rechtsverordnungen vorsehen, die von bestehenden gesetzlichen Regelungen abweichen, stellen sie dagegen ein grundsätzlich zulässiges gesetzgeberisches Gestaltungsmittel dar. Sie verletzen insbesondere nicht den zum Rechtsstaatsprinzip gehörigen „Vorrang des Gesetzes".
Die Ablösung der ranghöheren gesetzlichen Vorschrift durch die rangniedrigere Verordnung beruht nicht auf der Kraft der Verordnung, sondern darauf, daß das Gesetz sich insoweit selbst unter Verordnungsvorbehalt stellt. Es enthält in der Ermächtigung zum Erlaß der Verordnung zugleich eine Subsidiaritätsklausel, nach der die materielle Regelung des Gesetzes bei Erlaß der Verordnung im Rahmen der Ermächtigung außer Kraft tritt.
4. Gesetzliche Vorschriften dürfen nur dann unter Verordnungsvorbehalt gestellt werden, wenn die betreffende Materie überhaupt an die Exekutive zur Regelung delegiert werden darf, d. h. wenn sie nicht zum Kernbereich der Legislative gehört.
5. Der Kernbereich der Legislative umfaßt alle Maßnahmen von grundlegender Bedeutung, die Leitliniencharakter für das Gesamtgemeinwesen besitzen. Dabei braucht es sich nicht notwendig um generell-abstrakte Regelungen zu handeln.

Literaturverzeichnis

Allen, Carleton Kemp: Law and Orders, 3. Aufl., London 1969.

Anschütz, Gerhard: Die gegenwärtigen Theorien über den Begriff der gesetzgebenden Gewalt und den Umfang des königlichen Verordnungsrechts nach preußischem Staatsrecht, 2. Aufl., Tübingen 1901.

— Die Verfassung des deutschen Reichs, 14. Aufl., Berlin 1933.

Anschütz-Thoma: Handbuch des Deutschen Staatsrechts, hrsg. von Gerhard Anschütz und Richard *Thoma*, 2 Bände, Tübingen 1930/32 (HDStR).

Aristoteles: Politik, übertragen und hrsg. von P. *Gohlke*, Paderborn 1959.

Arndt, Adolf: Das Verordnungsrecht des Deutschen Reichs, Berlin 1884.

Aubert, Jean-François: Traité de droit constitutionnel suisse, 2 Bände, Neuchâtel 1967.

Bachof, Otto: Die Rechtsprechung des Bundesverwaltungsgerichts, BVerwGE Bd. 4—12, JZ 62, 350.

Ballreich, Hans: Die Übertragung rechtsetzender Gewalt in Frankreich, Belgien und Luxemburg, in: *Übertragung*, S. 325.

Beckerath: Handwörterbuch der Sozialwissenschaften, hrsg. von *Beckerath* u. a., Bd. 4, Stuttgart 1965 (HDSW).

Bettermann, Karl August: Die „Kleine Mietpreisreform" und ihre Rechtsgültigkeit, JZ 52, 65.

— Die Verordnung über Ausnahmen vom Mieterschutz vom 27. 11. 1951, MDR 52, 1.

Biscaretti di Ruffia: Diritto costituzionale, 7. Aufl., Neapel 1965.

Bluntschli, Johann Caspar: Deutsches Staatswörterbuch, hrsg. von *Bluntschli* und *Brater*, Bd. 10, 1. Aufl., Stuttgart 1867.

Böckenförde, Ernst-Wolfgang: Gesetz und gesetzgebende Gewalt, Berlin 1958.

— Die Organisationsgewalt im Bereich der Regierung, Berlin 1964.

Bolingbroke, Henry St. John: A Dissertation on Parties, London 1733/34, neu abgedruckt in *Bolingbroke*, The Works, Bd. 2 S. 1, London 1777.

Bonner Kommentar: Kommentar zum Bonner Grundgesetz, bearbeitet von *Abraham* u. a., Hamburg, Stand vom Juli 1969.

Cicero, Marcus Tullius: De re publica libri, hrsg. und übertragen von K. *Büchner*, 2. Aufl., Zürich 1960.

Dahm, Georg: Deutsches Recht, 2. Aufl., Stuttgart 1963.

Dicey, A. V.: Introduction to the study of the law of the constitution, 10. Aufl. (unveränd. Nachdruck der 7. Aufl. 1908), London 1964.

Duguit, L.: Les constitutions et les principales lois politiques de la France dépuis 1789, hrsg. von L. *Duguit*, H. *Monnier* und R. *Bonnard*, 7. Aufl., bearbeitet von G. *Berlia*, Paris 1952.

Dyroff, Anton: Rechtsetzung und Gesetz, Annalen des Deutschen Reichs, 1889, S. 817.

Ehmke, Horst: Wirtschaft und Verfassung, Karlsruhe 1961.

Evangelisches Staatslexikon: hrsg. von H. *Kunst* und S. *Grundmann*, 1. Aufl., Stuttgart 1966.

Eyermann-Fröhler: Verwaltungsgerichtsordnung, Kommentar von Erich *Eyermann* und Ludwig *Fröhler*, 4. Aufl., München 1965.

Fabre: Principes républicains de droit constitutionnel, Paris 1967.

Forsthoff, Ernst: Lehrbuch des Verwaltungsrechts, Bd. 1, 9. Aufl., München 1966.

Friauf, Heinrich: Zur Problematik des verfassungsrechtlichen Vertrages, AöR 88, 257.

Friesenhahn, Ernst: Parlament und Regierung im modernen Staat, VVdStRL 16, 31.

v. Gerber, Karl Friedrich: Grundzüge des deutschen Staatsrechts, 3. Aufl., Leipzig 1880.

v. Gierke, Otto: Labands Staatsrecht und die deutsche Rechtswissenschaft, zuerst veröffentlicht im Jahrbuch für Gesetzgebung, Verwaltung und Volkswirtschaft im dt. Reich, n.F., 7. Jg., S. 1097, Nachdruck Darmstadt 1961.

Giese-Schunck: Grundgesetz, Kommentar von Friedrich *Giese*, 7. Aufl., bearbeitet von Egon *Schunck*, Frankfurt/Main 1965.

Gillessen, Günther: Kontrolle oder Konter-Regierung?, Frankfurter Allgemeine Zeitung v. 17. 2. 1969, S. 1.

Glungler, Wilhelm, Lehre von Volk und Staat, 2. Aufl., München 1938.

Gneist, Rudolf: Der Rechtsstaat, 2. Aufl., Berlin 1897.

Götz, Volkmar: Recht der Wirtschaftssubventionen, München 1966.

Grundrechtskommentar: Grundrechtskommentar zum Grundgesetz, hrsg. von Karl *Brinkmann*, Bonn 1967.

Haeberlin, Karl Friedrich: Handbuch des teutschen Staatsrechts, 1. Aufl., Bd. 2, Berlin 1794.

Haenel, Albert: Das Gesetz im formellen und materiellen Sinne, in: *Haenel*, Studien zum Deutschen Staatsrechte, Bd. 2, 2, S. 97, Leipzig 1888.

Hahn, Hugo J.: Über die Gewaltenteilung in der Wertwelt des Grundgesetzes, JöR n.F. 14, 15.

Hamann, Andreas: Kommentar zum Grundgesetz, 2. Aufl., Neuwied 1961.

Harvey-Bather: The British Constitution, von J. *Harvey* und L. *Bather*, 2. Aufl., London 1968.

Hasskarl, Horst: 16 Jahre Bundesrechtsetzung und ihre Schwerpunkte im Spiegel der Zahlen, DÖV 68, 558.

Hatschek, Julius: Deutsches und preußisches Staatsrecht, Bd. 2, Berlin 1923.

Hegel, Georg Friedrich Wilhelm: Grundlinien der Philosophie des Rechts, hrsg. v. H. *Glockner*, 3. Aufl., Stuttgart 1952.

Heller, Hermann: Der Begriff des Gesetzes in der Reichsverfassung, VVd StRL 4, 98.

Herzog, Roman: Gesetzgeber und Verwaltung, VVdStRL 24, 183.

Hesse, Konrad: Grundzüge des Verfassungsrechts der Bundesrepublik Deutschland, 3. Aufl., Karlsruhe 1969.

Hoffmann, Wolfgang: Rechtsfragen der Währungsparität, München 1969.

Huber, Ernst Rudolf: Verfassungsrecht des Großdeutschen Reichs, 2. Aufl., Hamburg 1937.

Huber, Hans: Niedergang des Rechts und Krise des Rechtsstaats, Festschr. f. Z. Giacometti, Zürich 1953, S. 59.

Huber, Konrad: Maßnahmegesetz und Rechtsgesetz, Berlin 1963.

Imboden, Max: Das Gesetz als Garantie rechtsstaatlicher Verwaltung, Basel 1954.

— Montesquieu und die Lehre von der Gewaltentrennung, Berlin 1959.

Ipsen, Hans Peter: Wochenend' und Grundgesetz, DVBl. 50, 385.

Jahrreiss, Hermann: Herrschaft nach dem Maß des Menschen, Krefeld 1951.

Jeanneau, Benoit: Droit constitutionnel et institutions politiques, 2. Aufl., Paris 1968.

Jellinek, Georg: Gesetz und Verordnung, Tübingen 1919.

Jellinek, Walter: Verwaltungsrecht, 3. Aufl., Berlin 1931.

Jennings, Ivor: The Law and the Constitution, 5. Aufl., London 1959.

Jesch, Dietrich: Auslegung gegen den Wortlaut und Verordnungsgebung contra legem?, JZ 63, 241.

— Gesetz und Verwaltung, Tübingen 1961.

— Zulässigkeit gesetzesvertretender Verwaltungsverordnungen?, AöR 84, 74.

Junker, Ernst Ulrich: Die Richtlinienkompetenz des Bundeskanzlers, Tübingen 1965.

Kägi, Oskar Werner: Zur Entstehung, Wandlung und Problematik des Gewaltenteilungsprinzips, Zürich 1937.

Kant, Emanuel: Metaphysik der Sitten, hrsg. von K. *Vorländer*, Hamburg 1954.

Kaufmann, Erich: Stichwort „Verwaltung" in *Stengel-Fleischmann*, Bd. 3, S. 688, neu abgedruckt in: Erich *Kaufmann*, Gesammelte Schriften, Bd. 1, S. 93, Göttingen 1960.

Kelsen, Hans: Allgemeine Staatslehre, Berlin 1925.

Kipp, Heinrich: Stichwort „Rechtsverordnungen" in: *Staatslexikon*, Bd. 6, Sp. 735.

Klein, Friedrich: Verordnungsermächtigung nach deutschem Verfassungsrecht, in: *Übertragung*, S. 7 ff.

Kleinrahm, Kurt: Das richterliche Prüfungsrecht bei Rechtsverordnungen, DVBl. 50, 298.

Kopp, Hans, W.: Inhalt und Form der Gesetze, Zürich 1958.

Köttgen, Arnold: Vom deutschen Staatsleben, JöR 24 (1937), 1.

Krüger, Herbert: Die Einschränkung von Grundrechten nach dem Grundgesetz, DVBl. 50, 625.

— Kartellamt, Amtsrecht und Gewaltenteilung, DöV 57, 686

— Allgemeine Staatslehre, 1. Aufl., Stuttgart 1966.

Krüger, Hildegard: Die Verfassungswidrigkeit der lex Schörner, DVBl. 55, 758.

Küster, Otto: Das Gewaltenproblem im modernen Staat, AöR 75, 397.

Laband, Paul: Das Budgetrecht nach den Bestimmungen der Preußischen Verfassungsurkunde unter Berücksichtigung der Verfassung des Norddeutschen Bundes, Berlin 1871.

— Das Staatsrecht des deutschen Reiches, 4 Bände, 5. Aufl., Tübingen 1911.

Laidig, Helmut: Gesetzesvertretende Verordnungen und die prinzipielle Trennung zwischen exekutiver und legislativer Gewalt nach dem Grundgesetz, Diss. Stuttgart 1968.

Lange, Hans-Richard: Die Zulässigkeit gesetzesändernder Rechtsverordnungen, JZ 68, 8.

Leibholz, Gerhard: Regierung und Parlament, Reichsverwaltungsblatt und preußisches Verwaltungsblatt, Bd. 53 (1932), 21.

Lerche, Peter: Grundrechtsbegrenzungen durch Gesetz im Wandel des Verfassungsbildes, DVBl. 58, 524.

Leisner, Walter: Die quantitative Gewaltenteilung, DÖV 69, 405.

Locke, John: Two Treatises of Civil Government, 1690, Nachdruck mit einem Vorwort von W. S. *Carpenter*, London 1924.

Loewenstein, Karl: Verfassungslehre, 2. Aufl., Tübingen 1969.

— Staatsrecht und Staatspraxis von Großbritannien, Bd. 1, Berlin 1967.

Machiavelli, Niccolò, Politische Betrachtungen über die alte und italienische Geschichte (Discorsi sopra la prima Deca di Tito Livio), übersetzt von F. v. *Oppeln-Bronikowski*, Köln 1965.

v. Mangoldt, Hermann: Das Bonner Grundgesetz, Kommentar, 1. Aufl., Berlin 1953.

v. Mangoldt-Klein: Das Bonner Grundgesetz, Kommentar, 2. Aufl., bearbeitet von Friedrich *Klein*, Bd. 2, Berlin 1964, Bd. 3, Lieferung 1, Berlin 1969.

Marsilius von Padua: Defensor pacis, auf Grund der Übersetzung von W. *Kunkelmann* bearbeitet von H. *Kusch*, Darmstadt 1958.

Maschke, Hermann: Die Rangordnung der Rechtsquellen, Berlin 1932.

Maunz, Theodor: Die Richtlinien der Politik im Verfassungsrecht, BayVwBl. 56, 260.

— Deutsches Staatsrecht, 17. Aufl., München 1969.

Maunz-Dürig: Grundgesetz, Kommentar von Theodor *Maunz*, Günter *Dürig* und Roman *Herzog*, 2 Bände, München, Stand vom Mai 1969.

Mayer, Otto: Verwaltungsrecht, Bd. 1, 3. Aufl., Berlin 1924.

Meissner-Kaisenberg: Staats- und Verwaltungsrecht im Dritten Reich, Lehrbuch von Otto *Meissner* und Georg *Kaisenberg*, Berlin 1935.

Mende, August Wilhelm: Zur Frage der Zulässigkeit gesetzesändernder Rechtsverordnungen, DöV 55, 625.

Merkl, Adolf: Die Lehre von der Rechtskraft, Leipzig 1923.

Meyer, Georg: Lehrbuch des deutschen Staatsrechts, 4. Aufl., Leipzig 1895.

Meyer-Anschütz: Lehrbuch des deutschen Staatsrechts von Georg *Meyer*, 7. Aufl., hrsg. von Gerhard *Anschütz*, München 1914.

Mitchell, J. D. B.: Constitutional Law, Edinburgh 1964.

v. Mohl, Robert: Enzyklopädie der Staatswissenschaften, 2. Aufl., Tübingen 1872.

— Staatsrecht, Völkerrecht und Politik, Bd. 2, Tübingen 1860.

Möller, Alex: Gesetz zur Förderung der Stabilität und des Wachstums der Wirtschaft, Kommentar, hrsg. von Alex *Möller*, bearbeitete von Ch. *Böckenförde* u. a., Hannover 1968.

Montesquieu, Charles de Secondat, Baron de la Brède et de Montesquieu: De l'esprit des lois, Edition stéréotype d'après le procédé de Firmin Didot, 5 Bände, Paris 1803.

Moser, Johann Jacob: Von der Landeshoheit in Regierungssachen, Frankfurt/Main 1772.

Nawiasky, Hans: Die Grundgedanken des Grundgesetzes für die Bundesrepublik Deutschland, Stuttgart 1950.

— Allgemeine Rechtslehre als System der rechtlichen Grundbegriffe, 2. Aufl, Einsiedeln 1948.

Neumann, Franz L.: Zum Begriff der politischen Freiheit, ZStW 109 (1953), 25.

Obermayer, Klaus: Bundesverfassungsgericht und Vorbehalt des Gesetzes, DVBl. 59, 354.

— Stichwort „Rechtsverordnung" in: *Evangelisches Staatslexikon*, Sp. 1774.

Ossenbühl, Fritz: Verwaltungsvorschriften und Grundgesetz, Bad Homburg v. d. H. 1968.

— Die Verwaltungsvorschriften in der verwaltungsgerichtlichen Praxis, AöR 92, 1.

Peter, Christoph: Darf der Bundesgesetzgeber zum Erlaß gesetzändernder Rechtsverordnungen ermächtigen?, AöR 92, 357.

Peters, Hans: Der Kampf um den Verwaltungsstaat, Festschrift f. Laforet, München 1952, S. 19.

Platon: Gesetze, übersetzt von Otto *Apelt*, Bd. 1, Leipzig 1916.

Poetzsch, Fritz: Empfiehlt es sich, in die Reichsverfassung neue Vorschriften über die Grenzen zwischen Gesetz und Rechtsverordnung aufzunehmen?, Verhandlungen des 32. dt. Juristentags (Bamberg), Berlin 1922, S. 35.

— Vom Staatsleben unter der Weimarer Verfassung, JöR 13 (1925), 1.

Pölitz, Karl Heinrich Ludwig: Die europäischen Verfassungen seit dem Jahre 1789 bis auf die neueste Zeit, 2. Aufl., Bd. 1, Leipzig 1832.

Polybios: Geschichte, hrsg. von H. *Drexler*, 2 Bände, Zürich 1961.

Popper, Karl Raimund: Logik der Forschung, 2. Aufl., Tübingen 1966.

Pütter, Johann Stephan: Institutiones iuris publici germanici, 1. Aufl., Göttingen 1770.

Quaritsch, Helmut: Das parlamentslose Parlamentsgesetz, 2. Aufl., Hamburg 1961.

Rasenack, Christian: Gesetz und Verordnung in Frankreich seit 1789, Berlin 1967.

Roellecke, Gerd: Der Begriff des positiven Gesetzes und das Grundgesetz, Mainz 1969.

Rolland, Louis: Le projet du 17 janvier et la question des décrets-lois, Revue de droit public, 1924, 42.

v. Rönne, Ludwig: Das Staatsrecht der Preußischen Monarchie, 4. Aufl., Bd. 1, Leipzig 1881.
— Das Staatsrecht des Deutschen Reiches, 2. Aufl., Bd. 2, Leipzig 1877.

Rousseau, Jean Jacques: Contrat social, hrsg. von der „Internationale Bibliothek GmbH.", Berlin 1922.

Rupp, Hans Heinrich: Berufsregelung durch gesetzesändernde Verwaltungsverordnung?, DöV 63, 678.
— Grundfragen der heutigen Verwaltungsrechtslehre, Tübingen 1965.

Schack, Friedrich: Die Verlagerung der Gesetzgebung im gewaltenteilenden Staat, Festschrift f. *Haff*, Innsbruck 1950, S. 332.
— Die gesetzvertretenden Verordnungen, DöV 62, 652.
— Ausführungsverordnungen und gesetzergänzende Verordnungen, JZ 64, 252.

Schaumann, Wilhelm: Gleichheit und Gesetzmäßigkeitsprinzip, JZ 66, 721.

Scheuner, Ulrich: Ausländische Erfahrungen zum Problem der Übertragung rechtsetzender Gewalt, in: *Übertragung*, S. 118.
— Der Bereich der Regierung, Festschr. f. *Smend*, Göttingen 1952, S. 253.
— Die neuere Entwicklung des Rechtsstaats in Deutschland, Festschrift zum hundertjährigen Bestehen des Deutschen Juristentags, Bd. 2, Karlsruhe 1960, S. 229 (*Scheuner*, Juristentagsfestschrift).
— Die nationale Revolution, AöR 63, 166 und 261.

Schmidt, Walter: Gesetzesvollziehung durch Rechtsetzung, Bad Homburg v. d. H. 1969.

Schmidt-Bleibtreu-Klein: Kommentar zum Grundgesetz für die Bundesrepublik Deutschland, von Bruno *Schmidt-Bleibtreu* und Franz *Klein*, Neuwied 1967.

Schmitt, Carl: Verfassungslehre, München 1928.

Schneider, Hans: Über Einzelfallgesetze, Festschrift f. Carl *Schmitt*, Berlin 1959, S. 159.

Sellmann, Klaus-Albrecht: Der schlichte Parlamentsbeschluß, Berlin 1966.

Selmer, Peter: Rechtsverordnung und Verwaltungsvorschrift, VerwArch. 59, 114.

v. Seydel, Max: Bayerisches Staatsrecht, auf der Grundlage der 2. Aufl. neu bearbeitet von *Grassmann* und *Piloty*, Bd. 1, Tübingen 1913.

Spanner, Hans: Grundsätzliche Fragen des Verordnungsrechts, BayVwBl. 62, 225.

Staatslexikon: hrsg. von der Görres-Gesellschaft, 6. Aufl., Bd. 6, Freiburg 1961.

Stein, Ekkehard: Lehrbuch des Staatsrechts, Tübingen 1968.

v. Stein, Lorenz: Die Verwaltungslehre, Bd. 1, Die vollziehende Gewalt, 2. Aufl., Stuttgart 1869.

Stengel-Fleischmann: Wörterbuch des Deutschen Staats- und Verwaltungsrechts, 2. Aufl., Bd. 3, Tübingen 1914.

Stern-Münch: Kommentar zum Gesetz zur Förderung der Stabilität und des Wachstums der Wirtschaft vom 8. 6. 1967, bearbeitet von Klaus *Stern* und Paul *Münch*, Berlin 1967.

Sternberger, Dolf: Gewaltenteilung und parlamentarische Regierung in der Bundesrepublik Deutschland, in: Parlamentarismus, hrsg. von Kurt *Kluxen*, Köln 1967, S. 325.

Sturmhöfel, Wolfgang: Die Verordnungsgewalt im Gewaltenteilungssystem des Grundgesetzes, Diss. Mainz 1964.

Thieme, Werner: Der Gesetzesvorbehalt im besonderen Gewaltverhältnis, JZ 64, 81.

— Besprechung von *Jesch*, Gesetz und Verwaltung, DöV 62, 77.

Thoma, Richard: Über das landesherrliche Verordnungsrecht im Großherzogtum Baden, Zeitschr. f. bad. Verwaltung und Verwaltungsrechtspflege, 1906, S. 81.

— Der Vorbehalt des Gesetzes im preußischen Verfassungsrecht, Festgabe f. Otto *Mayer*, Tübingen 1916, S. 165.

Triepel, Heinrich: Delegation und Mandat im öffentlichen Recht, Stuttgart 1942.

— Empfiehlt es sich, in die Reichsverfassung neue Vorschriften über die Grenzen zwischen Gesetz und Rechtsverordnung aufzunehmen?, Verhandlungen des 32. dt. Juristentags (Bamberg), Berlin 1922, S. 11.

Übertragung: Die Übertragung rechtsetzender Gewalt im Rechtsstaat, Berichte, Referate und Diskussionsbeiträge auf einer Tagung in Weinheim am 1. und 2. Dezember 1951, hrsg. von *Genzer* und *Einbeck*, Frankfurt/Main 1952.

Vogel, Klaus: Gesetzgeber und Verwaltung, VVdStRL 24, 125.

Volkmar, Dieter: Allgemeiner Rechtssatz und Einzelakt, Berlin 1962.

Weber, Werner: Stichwort „Gewaltenteilung" in: HDSW, Bd. 4, 497.

Wolff, Bernhard: Die Ermächtigung zum Erlaß von Rechtsverordnungen nach dem Grundgesetz, AöR 78, 194.

— Zur Zulässigkeit von „gesetzändernden" Rechtsverordnungen, JZ 54, 628.

Wolff, Hans Julius: Verwaltungsrecht I, 6. Aufl., München 1965 und 7. Aufl., München 1968 (Zitate ohne andere Angabe betreffen die 7. Aufl.).

Zachariä, Heinrich Albert: Deutsches Staats- und Bundesrecht, 2. Aufl., Bd. 2, Göttingen 1854.

Zippelius, Reinhold: Allgemeine Staatslehre, München 1969.

Zoepfl, Heinrich: Grundsätze des gemeinen deutschen Staatsrechts, 5. Aufl., Bd. 2, Leipzig 1863.

Printed by Libri Plureos GmbH
in Hamburg, Germany